FRENCH
Commercial Correspondence
A First Practice Book

MICHAEL PAINE

HARRAP

London Paris

First published in Great Britain 1991
by HARRAP BOOKS Ltd
Chelsea House, 26 Market Square,
Bromley, Kent BR1 1NA

ISBN 0 245 60305-0

Designed by Roger King Graphic Studios.
Printed in Great Britain by
Mackays of Chatham Ltd, Kent.

To P and T

INTRODUCTION

French Commercial Correspondence is a self-study course for students of French who want to learn the structures and vocabulary of French business letters. Students using the course should have basic knowledge of French grammar and a vocabulary of about 2000 words. Footnotes are provided to explain purely idiomatic expressions. All words necessary to understand the letters are highlighted in the text and included in the glossary of French and English equivalents at the end of the book. A full key is provided for the letters, the comprehension questions and the guided-writing exercises.

The book is divided into four main parts. Part 1 covers 12 introductory subject areas. Each unit is based on four short practice letters which combine to form the material for gap-filling and sentence re-ordering exercises. Thus, by a process of frequent repetition, students assimilate, practise and retain phrases like **nous vous remercions de votre lettre du...**, **...nous vous serions obligés de bien vouloir nous envoyer...**, **...l'expression de mes sentiments les meilleurs...**, with very little effort.

Intensive practice on sentence structure is provided in the Drill sections where many more vocabulary items are introduced. The Drills are followed by a Grammar Check which seeks to clarify any grammatical difficulties and provides a general revision of the main grammatical points that occur in the letters.

Part 2 introduces 8 further subject areas for study and practice. The letters in this section are unsimplified and longer than those in Part 1, but students who have worked carefully through the the first 12 units will have little or no difficulty in completing Part 2.

The recall exercises that make up Part 3 are designed for consolidation and revision. It is best to attempt them some time after reading the corresponding material in Part 1 or Part 2, checking answers against the letters in the relevant unit.

The Key in Appendix 1 provides equivalent English versions (not literal translations) of all the letters, answers to the comprehension questions and exercises, plus suggested answers for the guided letter writing exercises. Complete answers are also provided for the drill sections.

French Commercial Correspondence is, therefore, ideally suited both for home study students as well as for full-time students following a wide variety of secretarial and business courses leading to the RSA, the LCCI, The Institute of Linguists and the BTEC examinations. It will also prove a valuable work of reference for secretaries who have to use French as a means of everyday communication with overseas customers. On completing the course, students will have become familiar with the main structural and functional patterns of French business correspondence, such as asking for information, placing orders, complaining about errors, applying for jobs, etc. They will also have gained active control over essential areas, such as general layout, the salutation, the position of the inside address, abbreviations and the somewhat bewildering number of variations that can be used in the complimentary close.

To the Student

The Letters

Note the subject of the unit, then go to Letter 1. Study the letter, paying particular attention to the new vocabulary and language forms. Try to determine the meaning of any new or "difficult" words from the context before looking them up in the English/French glossary. The footnotes will help you with any idiomatic expressions.

Once you have understood the general meaning of the letter, read it through as many times as necessary, until you are satisfied that all details are clear. Next, complete the comprehension questions. To check your full understanding of the letter as well as your answers to the questions, refer to the Key which begins on page 122. Work through Letters 2, 3 and 4 in the same way.

The Drills

Before beginning the drills, look up the meanings of the new vocabulary items in the glossary. Repeat each drill aloud once or twice, then try to write each sentence from the drill prompts. Check your answers using the Key and re-write the sentences if necessary.

Grammar Check

This section explains the main grammatical points that occur in each Unit. Study the explanations and then refer back to the letters and note the use of each point.

The Exercises

The three exercise types in each unit are based on the structures and vocabulary already encountered in Letters 1 -- 4. Once again, revise the letters before attempting Exercise 1. If you find the exercise difficult, look back to find the words and phrases you need to complete it. Exercise 2 is a re-ordering exercise which you will be able to complete provided you have fully understood Letters 1 -- 4. Again, revise the letters before attempting Exercise 3. The prompts in English are designed to provide a meaning check to test your understanding of the material covered in the Unit.

Lastly, check your answers by referring to the Key.

To the Teacher

Although *French Commercial Correspondence* is designed for self-study, it is also suitable for use in the classroom. It can be used as the main course or as a supplementary component of a general course in Business French.

The units are organized so that there is a progression of difficulty throughout the book. However, they can be studied in any order according to the level and the needs of the student. The types of exercises (completion, re-ordering and guided writing) are the same in each of the first 12 units so that students know exactly what is expected of them. Furthermoore, the combining of letters in each unit to form the exercises helps students to develop quickly a familiarity and confidence with the lesson material. On completion of the first 12 units, students experience the satisfaction of progressing to the 8 more advanced units of Part 2, where the letters and guided writing exercises are longer.

Michael Paine
Thollon-les-Mémises, 1990

CONTENTS

PART ONE
PRACTICE UNITS 1 – 12

Requests for information –
Demandes de renseignements

Study the model letters, answer the questions and complete the exercises.

Letter 1.1

FINEX S.A.[1]
Équipements Agricoles,
Horticoles et Forestiers

USINE et BUREAUX
55, Bd [2] Périer
14382 BOURGES

Tél: 34 36 45 32
Télex: 876 451 TFEXP
Télécopie: 43 56 78 43

Monsieur Jean Godart
Directeur Commercial
AGRICOBEL
23, avenue Émile Zola
92546 BOBIGNY

Bourges, le 4.3.19--

Monsieur,

Nous accusons réception[3] de votre brochure présentant
les nouveaux produits de votre **gamme**[4] Weedolex.

Nous vous saurions gré de[4] nous faire parvenir[5] une
documentation plus complète sur vos produits.

Veuillez agréer, Monsieur, l'expression de nos
salutations distinguées.

J. Renimelle.

Le Directeur
J. Renimelle

¹ Société Anonyme (Public Limited Company)
² Boulevard
³ We acknowledge
⁴ We should be obliged / very grateful
⁵ to let us have

a) What did M. Godart send to M. Renimelle?
b) What further information does M. Renimelle want M. Godart to send him?
c) How do you know that this letter is intended for a "window envelope"?

Letter 1.2

```
Cher Monsieur,

Votre brochure présentant le modèle X3/27 de vos
antivols de direction* présenté à la page 43 a retenu
notre attention.

Vous serait-il possible de nous faire savoir² si vous
êtes en mesure de¹ nous livrer directement?

Veuillez agréer, Cher Monsieur, l'assurance de nos
sentiments distingués.

H. N. BLOUET
```

¹ let us know
² in a position to

a) Where did M. Blouet find out about the X3/27?
b) What is the purpose of this letter?
c) What suggests that the two men know each other?

Letter 1.3

Messieurs,

C'est avec intérêt que nous avons reçu votre lettre du
8 juin annonçant le **lancement*** de vos nouveaux **crics
hydrauliques***. Vous serait-il possible de nous
communiquer l'adresse du distributeur pour notre région?

Veuillez agréer, Messieurs, nos sentiments dévoués.

Le Directeur
Sautereau

a) What was the purpose of the letter M. Sautereau received on
   8th June?
b) Does he intend to buy direct from the factory?

Letter 1.4

Messieurs,

Nous désirons adjoindre à notre commerce de **soieries*** et
lainages* votre gamme spéciale de manteaux.

Nous vous serions obligés de nous faire parvenir votre
prix courant et de nous faire connaître vos conditions de
livraison à l'**étranger**.

Veuillez croire, Messieurs, à l'assurance de nos
sentiments distingués.

Directrice des Ventes à l'Exportation
Jocelyne Latour

a) How does Mlle Latour intend to expand her range of goods?
b) What further details does she require?
c) What is her position in the company?

Drills

Complete the sentences as in the examples. Make changes in tense and agreement where necessary:

1) Nous / accusons réception de votre / lettre du / 9 janvier / présentant / votre nouvelle / gamme de chaussures de ski.

   a) Je / brochure / 10 août / tarifs.
   b) Nous / **horaires*** de livraison / 8 février / **réseau***.
   c) Je / **premiers plans*** / 21 mars / projet de modernisation.
   d) Notre client / **logiciel*** / 30 novembre / **méthode*** de classement.

2) Nous / vous / saurions gré / de nous faire parvenir / un contrat révisé.
Nous / vous serions obligés / de nous faire parvenir / un échantillon.

   a) Nos clients / gré / relevé de compte.
   b) Nous / obligés / liste à jour.
   c) Je / gré / demandes particulières.
   d) M. Jacquier / obligé / facture pro forma.

3) Votre / lettre a retenu / notre / attention et nous sommes particulièrement intéressés par / le modèle X3/27 présenté à la page / 43.

   a) circulaire / mon / **trousses à outils*** / 54.
   b) **prospectus*** / notre / vêtements / 72.
   c) liste à jour / leur / modifications de prix / 44.
   d) brochure / son / gamme de vaiselle / 67.

Grammar Check

Letter 1.1 – **Nous vous saurions gré**: this is the conditional tense of **savoir gré** (to be grateful). Note the formation of the conditional – for regular verbs add to the infinitive the endings of the imperfect tense: **-ais, -ais, -ait, -ions, -iez, -aient.** For irregular verbs, these endings are added to the same root as is used for the future tense e.g. **saurais, saurais, saurait, saurions, sauriez, sauraient.** Examples of the imperfect in the Letters are **Vous serait-il possible** and **Nous vous serions obligés** in Letters 1.2, 1.3, & 1.4.

— When the verb **faire** is used with a following infinitive, it has the meaning *to make something happen* or *to have something done*, hence **faire parvenir** and **faire savoir**.

Exercise 1.1

Complete the following letter informing a supplier that you would like to stock their range of blow moulding machines (**machines d'extrusion-soufflage**). In addition, you would like more details and an up-to-date price list. You would also like to know whether it is possible to deliver direct from the factory.

Monsieur,

Nous accusons réception de votre brochure et

nous désirons adjoindre à notre commerce

votre gamme de machines d'ext... Nous

vous serions obligés de nous faire parvenir

une documentation plus complète sur cette

gamme ainsi que vos (tarifs actuels conditions de livraison

à l'étranger). En plus, vous serait-il

possible de nous faire savoir si vous

êtes en mesure de... nous (les) livrer directement

.....

Veuillez (agréer croire) Messieurs, (à l'assurance l'expression)

de.. nos sentiments distingués.

Exercise 1.2

Re-order the following to make a letter similar Letters 1 – 4:

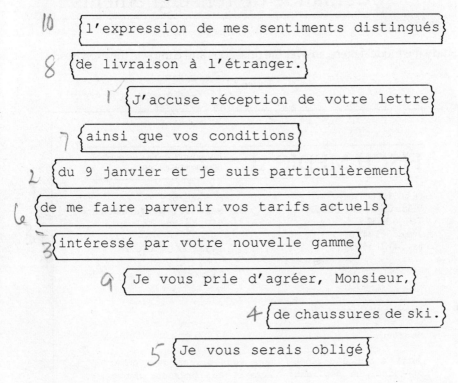

10 l'expression de mes sentiments distingués

8 de livraison à l'étranger.

1 J'accuse réception de votre lettre

7 ainsi que vos conditions

2 du 9 janvier et je suis particulièrement

6 de me faire parvenir vos tarifs actuels

3 intéressé par votre nouvelle gamme

9 Je vous prie d'agréer, Monsieur,

4 de chaussures de ski.

5 Je vous serais obligé

Exercise 1.3

Write a letter in French from M. Nayret, the Director of INTERGEST
S.A., 23 boulevard de la Libération, 13205 SIMIANE, to G Gerniçon of
DUBERY SARL, 44 avenue Leclerc, 13001 MARSEILLE. Include the
date and references and:

- mention that you have received their brochure.
- mention also that you are very interested in their new range
  of tooth brushes (**brosses à dent**).
- ask if they would be kind enough to let you know their
  current prices and the name and address of a distributor near
  you.
- end the letter appropriately.

Nous accusons réception de votre brochure du — —
et nous sommes particulièrement intéressés par votre nouvelle
gamme de brosses à dent Nous vous serons obligés de
nous faire parvenir vos prix courants (tarifs actuels) et l'adresse du
distributeur pour notre région

Acknowledging an enquiry – Accuser réception d'une demande de renseignements

Study the model letters, answer the questions and complete the exercises.

Letter 2.1

FISCH MEDICAL

Instruments de mesure physique, optique et nucléaire

86 bis[1] rue de Prony
97561 CLAMART CEDEX[2]
Tél: 76 34 57 23
Télex : 765 345 F
Fax : 43 21 56 98

F. Lacroix
F.L. & G.M. Instruments
56, bd des Tilleuls

14382 BRON CEDEX

Clamart, le 10 mars 19--

Objet: V[3]/lettre du 4/3/19--

Monsieur,

Suite à votre demande[4], nous vous prions de trouver, **ci-joint**, un **dépliant*** illustré qui présente notre gamme SELTAK.

Dans l'attente de recevoir votre commande, nous vous prions, Monsieur, d'accepter nos sincères salutations.

Yves Poinceau.

DIRECTEUR COMMERCIAL
Yves Poinceau
P.J.[5]

Siret : 3425645324 – R.C. Nîmes : B 433-234-132

[1] equivalent to 86A
[2] "courrier d'entreprise à distribution exceptionnelle" – a special number for firms receiving a large amount of mail, which is then delivered separately.
[3] Voir
[4] In reply to your enquiry
[5] pièces jointes (enclosures)

a) Who sent the letter referred to under "Objet"?   *F Lacroix*
b) What, in this case, are the "pièces jointes"?   *illustrated folder / leaflet*
c) What kind of things do Fisch Medical produce?   *optical measuring instruments*

Letter 2.2

```
Cher Monsieur,

En référence à votre lettre du 25 janvier 19--, nous
avons le plaisir de vous adresser*¹ notre dernier*
catalogue.

Nous nous tenons à votre disposition² pour vous
communiquer toute information complémentaire*.

En vous remerciant de votre intérêt, veuillez croire,
Cher Monsieur, en nos sentiments les meilleurs.

Le Chef du Service Export
J. Lapagnol
```

[1] N.B. only ONE "d" in "adresser" and "adresse"!
[2] We are ready / happy to....

a) What was the purpose of the letter M. Lapagnol received on 25th January?
b) What suggests that the two men know each other?

Letter 2.3

Madame,

Nous vous remercions de l'intérêt que vous manifestez
pour nos modèles Purtex - **barquettes*** en aluminium pour
la **restauration collective*** et **surgelée*** - A1 & A5.

Notre représentant vous fournira des renseignements
complémentaires et vous conseillera sur les modèles qui
sont adaptés à vos besoins[1].

Nous vous prions d'agréer, Madame, l'expression de nos
sentiments distingués.

Pour DELMAG SA
le Directeur-Gérant F. Heraut

---

[1] suited to your requirements

a) What are A1 and A5?
b) What sort of business do you think the client has?
c) How do you know that M. Heraut places particular value on this
   enquiry?

Letter 2.4

Monsieur,

Nous avons bien reçu votre lettre du 10 août par
laquelle vous vous **renseignez*** sur notre gamme de
bouteilles, **bidons***, boîtes et **bocaux*** à large
ouverture pour l'emballage de produits **alimentaires***,
de médicaments, et de produits de toilette ou
droguerie.

Veuillez trouver, ci-joint, notre dernier catalogue
ainsi que notre tarif **en vigueur***.

Nous espérons que vous nous passerez commande des
articles en référence et dans l'attente d'une réponse
nous vous prions de croire, Monsieur, à l'assurance de
notre considération distinguée.

Le Directeur, Groupe Sarrabia
JEAN ROCARD

a) What was the purpose of the letter written on 10th August?
b) What kind of goods does the Groupe Sarrabia manufacture?
c) In addition to the catalogue, what else is enclosed?
d) What capital letters would you expect to find at the end of the letter?

Drills

Complete the following sentences as in the example. Make changes in tense and agreement where necessary:

1) Suite à votre / demande, / nous vous prions de trouver ci-joint / une liste à jour.
   a) demande / je / une **cotation* mise à jour***.
   b) lettre / M. Norman / une liste de ses **avant-projets***.
   c) demande / nous / une fiche d'inscription.
   d) lettre / je / une liste des commandes **en souffrance***

2) En réponse à votre lettre du / 24 mars / nous / avons / le plaisir de vous adresser / nos **frais** de garage.
   a) 4 avril / je / un **permis*** de construire.
   b) 6 févier / les partenaires / une **offre de lancement***.
   c) 13 août / le Service Comptes Clients / un relevé de compte.
   d) 28 juin / la compagnie / un **bon*** de crédit.

3) Veuillez trouver ci-joint / le détail de nos remises spéciales / ainsi que / les noms de trois compagnies dans votre région.
   a) les stipulations que nous proposons / un contrat d'**ébauche***.
   b) un bon de commande / échantillons de nos **classeurs-chemises***.
   c) les plans / l'accord préliminaire.
   d) notre brochure gratuite en couleur / quelques échantillons de nos **dépliants***.

Grammar Check

Letter 2.2 – The present participle introduced by **en** e.g. **En vous remerciant de votre intérêt pour nos produits, nous vous prions.....;** – The present participle is formed by adding **ant** to the root of the first person plural of the present tense. **Nous aimons,** (root-**aim**), **aimant, nous finissons, –finissant:** the only irregular participles are; **ayant (avoir), étant (être)** and **sachant (savoir).**

Drill 1b – **avant-projets** – Compound nous formed with an invariable word + noun; only the second word takes the plural.

Drill 3b — **classeurs-chemises** — noun + noun: both words take the plural.

Exercise 2.1

Complete the following letter from a supplier to a client acknowledging his letter and informing him that the Sales Manager will be sending him full information and a current price list.

> Messieurs,
>
> Nous *avons* *bien* *reçu* *votre* *lettre*
>
> *du* 5 mars. Notre *représentant* vous *fournira*
>
> *des renseignements* complémentaires ainsi que
>
> *notre* *tarif* *en* vigueur.
>
> Restant à votre disposition, *nous*
>
> *vous* *prions*, Messieurs, *d'agréer* nos *sincères*
>
> *salutations*

Exercise 2.2

Re-write the following to form a letter similar to Letters 1 - 4:

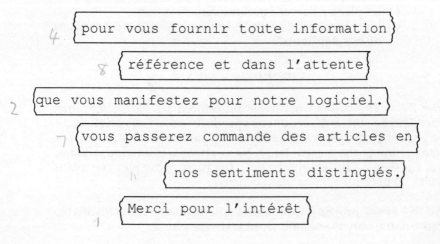

4 { pour vous fournir toute information }

8 { référence et dans l'attente }

2 { que vous manifestez pour notre logiciel. }

7 { vous passerez commande des articles en }

{ nos sentiments distingués. }

{ Merci pour l'intérêt }

1

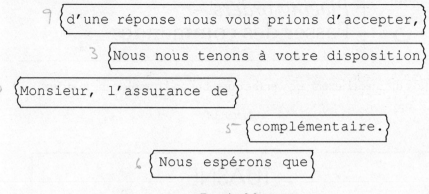

9 d'une réponse nous vous prions d'accepter,

3 Nous nous tenons à votre disposition

10 Monsieur, l'assurance de

5 complémentaire.

6 Nous espérons que

Exercise 2.3

Write a letter in French from M. Arnould of ARELA INTERNATIONAL, 65 bis boulevard Saint-Michel, 92340 CHATILLON to M. Ballofet of BALLOFET ET FILS, Bât[1] 11, rue Semanaz, 93480 LE PRÉ SAINT-GERVAIS CEDEX. Include the date, references and mention that there are enclosures.

— say that in reply to their letter of .... that you are sending them your most up-to-date samples.
— mention that they will also find enclosed your latest price list.
— end by saying that you hope they will order the articles referred to.

[1] bâtiment

Suite à votre lettre du . nous avons le plaisir / vous prions de
trouver ci-joint
de vous adresser nos derniers échantillons

Veuillez trouver ci-joint notre
ainsi que

Nous espérons que vous nous passerez commande
des articles en référence notre tarif en vigueur
et dans l'attente d'une réponse

Placing orders –
Passer des commandes

Study the model letters, answer the questions and complete the exercises.

Letter 3.1

TUASNE
Produits super abrasifs
Succursale en France – B.P.[1] 851
43, rue Benoît Franchon – 32450 NIMES.
Tél : 36 45 26 71 Fax : 34 32 56 43
Télex : 603673 TFEXP

AMPHILOG
21, rue Le Corbusier
93251 RABAT
MAROC

N/Réf[3] : 89/23/NJ
Nîmes, le 21 juin 19--

Monsieur,

Après avoir examiné votre brochure présentant vos
disques à tronçonner avec arrosage*, nous **souhaitons***
vous passer commande pour:

water-cooled circular saw

100 - No: de code 900 54000 dia.[4] 230 **épaisseur*** à la
coupe 2,2 mm
250 - No: de code 900 54200 dia. 300 épaisseur à la
coupe 3,2 mm

cutting thickness

En espérant que ceci marque le début de relations
suivies* entre nos deux sociétés, nous vous prions
d'agréer, Monsieur, nos sentiments les meillieurs.

continuing relationship

Michel Lericordel

Le Chef du Service Export
Michel Lericordel

- Applications Industrielles du Diamant
- Siège Social*: 147, boulevard Saint-Michel, 75005 Paris
- R.C.S. Paris A 342 234 254

[1] Boîte Postale
[2] Zone Industrielle
[3] nos références
[4] diamètre

a) What does the TUASNE company produce?
b) Who is Michel Lericordel?   *export manager*
c) Why did the order come to him?   *from Morocco*
d) How do you know that the two companies have never done
   business together before?

Letter 3.2

Monsieur et Cher Client,

Après avoir examiné votre catalogue que vous nous
avez récemment envoyé, nous avons le plaisir de vous
adresser ci-joint une commande pour vos Jupes -
culottes longueur 95 cm, montées sur ceinture droite *straight belt* *assembled*
avec **glissière*** et bouton:
side

50 marron, tailles 36, 38, 40
50 noir, tailles 42, 44, 46

Veuillez effectuer le **chargement*** par avion.   *load / consignement*

Nous vous prions de recevoir, Cher Monsieur,
l'expression de nos sentiments les meilleurs.

Pierre Fève

a) How do you know that the two companies have done business
   together before?
b) Is M. Fève in a hurry for the order to be delivered?

Letter 3.3

Monsieur,

Nous avons bien reçu votre lettre de 5 décembre.

Nous avons le plaisir de joindre à la présente une
commande[1] pour 30 **escabeaux*** avec plateaux supérieurs
et marches alu.[2], **sangle*** de renfort en position
ouverte - Réf: 321.45 -

10 Haut. 85cm/4 marches/3 kg
10 Haut. 110cm/5 marches/3,5 kg
10 Haut. 175cm/8 marches/5,5 kg

Veuillez arranger une livraison par train et agréer,
Monsieur, l'expression de nos sentiments distingués.

Le Directeur des Achats
P. Villette

[1] we are happy to place the enclosed order....
[2] alumunium

a) What kind of shop do you think M. Villette has?
b) Where might they have to go to pick up the package?

Letter 3.4

Cher Monsieur,

Suite à notre **entretien*** téléphonique du 10 mai
dernier, nous vous passons commande de:

15 **Soupapes*** de non-retour
10 Robinets **vannes*** à commande automatique - DN 10-250,
6000-4500

Veuillez envoyer la marchandise par service cargo
régulier.

En espérant que vous exécuterez cette commande avec
votre diligence habituelle, je vous prie d'agréer, Cher
Monsieur, l'expression de mes sentiments les meilleurs.

Jean-Louis Bletton

a) How does M. Bletton know that the goods he wants are in stock?
b) How does he want the goods sent?   *normal cargo service*
c) How do you know that he feels he can rely on his supplier?

Drills

Complete the following sentences as in the example. Make changes in tense and agreement where necessary:

1) Après avoir examiné votre / brochure présentant vos marchandises, / nous souhaitons vous passer une commande pour / 100 chemises popeline blanche, qualité supérieure, toutes tailles à 250 FF.

   a) catalogue / je / 50 services de table modèle Savoie.   *rack shoe tidy*
   b) échantillons / nous / 150 **range-chaussures*** – Dim. 57 x 21 cm.
   c) brochure / je / 30 allume-gaz électriques multi-étincelles à quartz.
   d) prospectus / nous / 20 balances électroniques, **alimentation*** par pile 9V.

2) Aprés avoir examiné votre / catalogue / que vous nous avez récemment envoyé, / nous / avons le plaisir de vous adresser, ci-joint, une commande pour / un robot Moulinex ''Master'' avec presse-purée.

   a) liste / me / 20 machines à coudre super-compactes.
   b) échantillons / nous / 5 séche-linges avec 4 programmes de séchage.
   c) brochure / me / 35 tapis en velours.
   d) catalogue / nous / 25 téléviseurs couleur ''Mandi'' (pour chaines françaises et étrangères).

3) Nous / avons le plaisir de joindre à présente une commande pour / 200 duvets d'oie blancs.

   a) Je / un orgue électronique portable Bontempi.
   b) Nous / 10 porte-bébés dorsaux pliants sur roulettes.
   c) Je / 20 poupées ''Bobby'' en vinyle de 40 cm, yeux dormeurs.
   d) Nous / 20 **lecteurs*** de disquettes DD1-2, avec logiciel de jeux compilation.   *disk drive*

Grammar Check

Letter 3.2 – The perfect tense: Formation – present tense of **avoir** or **être** followed by the past participle of the main verb e.g. **...votre catalogue que vous avez récemment envoyé....** Most verbs take **avoir,** but reflexive verbs take **être** as do some verbs of motion. Past participles are formed as follows: **-er** verbs change the **er** to **é**, **ir** to **i**, **re** to **u**, but irregular verbs often have special past participles. There are three main rules governing the agreement of past participles:

1) Those taking **avoir** agree with the direct object only when it comes before the verb, e.g. **Où est la brochure que j'ai reçue?**
2) Those taking **être** agree with the subject of the verb, e.g. **Elles sont arrivées.**
3) Those of reflexive verbs agree with the reflexive pronoun when it is a direct object, but not when it is an indirect object e.g. **Elles se sont renseignées sur la compagnie.** But – **Elles se sont écrit.** (They have written to each other).

Drills 1b & 3b – Compound nouns – **range-chaussures, porte-bébés** Verb + noun: Only the noun takes the plural. Some are invariable e.g. **sèche-linge.**

Exercise 3.1

Complete the following letter from a client to a supplier placing an order for 100 ignition coils to be sent by air.

```
Après ..... ..... ..... brochure .....

..... ..... ..... envoyée, nous .....

..... ..... ..... ..... ..... .....

..... ..... pour 100 Bobines d'allumage

CX143/2.  Veuillez ..... .....

chargement par avion. Dans ..... .....

..... ..... expédition* ..... .....

..... d'agréer, Monsieur, ..... .....

..... ..... distingués.
```

Exercise 3.2

Re-write the following to form a letter similar to Letters 1 – 4

{ vous exécuterez cet ordre }

{ de nos sentiments les meilleurs. }

{ commande pour 100 seringues. }

{ livraison par train. En espérant que }

{ présentant vos produits, nous avons }

{ avec votre diligence habituelle, nous vous prions }

{ Après avoir examiné vos échantillons }

{ d'agréer, Cher Monsieur, l'expression }

{ Veuillez arranger une }

{ le plaisir de vous adresser une }

Exercise 3.3

Write a letter in French from M. Moreau, the Chief Buyer of Techtronics S.A. France, 9, rue des Frères Caudron, 75560 Paris CEDEX, tél: 67 34 52 12, télex: 65231 to Electro Sarl, 12 rue René Camphin, B.P. 34 29641 Courville-sur-Eure. Include the date and references and mention that:

- you received his letter of the 5th June.
- you have examined their catalogue.
- you include an order number 234/X42 for 200 mechanical gaskets[1].
- you would like the goods sent by air.
- end the letter appropriately.

[1] garnitures mécaniques

Dealing with orders –
Traitement des commandes

Study the model letters, answer the questions and complete the exercises.

Letter 4.1

ELEXACO
Import/Export en général ─────────────────────────────

DENUSIERE (Ets. Lelue)
Jean Claude Delachaux
25, rue Magenta
92341 SURESNES CEDEX

Velizy Vollacoublay,

le 8 mars, 19 --

Nos réfs[2] EA/214

Messieurs,

Nous vous remercions de votre commande Numéro 321/4-9,
c'est-à-dire:-

- 200 kg Moka 1 qualité No: 493 à 100 FF le kg.
- 150 kg de café extra No: 365 à 180 FF le kg.

Les marchandises seront envoyées aujourd'hui par train.

Nous vous prions d'agréer, Messieurs, l'assurance de
nos sincères salutations.

Michel Muret

Le Directeur des Ventes
Michel Muret

8, chaussée* Jules César, 85362 VELIZY VOLLACOUBLAY,
Tél : 78 34 26 47 Télex : 986 970 F Code 241

Siège social et dépôt: 16 rue Sigmund Freud – 67462 Lyon Tél: 73 21 34 56
S.A.R.L au capital de 50 000 France – SIREN 321 543 165

[1] Établissements
[2] Our reference

a) What is the name of the DENUSIERE parent company?
b) What sort of company do you think it is?
c) When does the writer say the goods will be sent?

Letter 4.2

Cher Monsieur,

Nous vous remercions de votre lettre du 4 novembre et
de la commande jointe.

Dès que nous serons en mesure de confirmer
l'expédition des marchandises, nous vous en
informerons.

Nous vous remercions encore pour votre commande et
vous assurons, Monsieur, de nos sentiments dévoués.

Directeur des Ventes

Marcel Levesque

a) What was included in the letter written on the 4th November?
b) Why will M. Levesque soon be writing to his client again?

Letter 4.3

Monsieur,

J'ai le plaisir d'accuser réception de votre commande
du 15 **courant*** relative aux:

- **feuilles d'aluminium*** ~~sheeting~~
- **complexes polythène*** ~~laminate (polyethylene)~~
- **étuis carton*** ~~cardboard folders~~

Nous avons tous les articles en stock, et le tout
devrait être prêt à l'envoi la semaine prochaine.

Restant à votre disposition, je vous prie d'agréer,
Monsieur, l'expression de mes sentiments distingués.

Directeur du Service Ventes
Guy Desbordes

a) When will M. Desbordes be able to send the order?

Letter 4.4

Madame,

Nous sommes heureux de vous faire savoir que votre
commande No: 264/3613 du 6 juin est **en cours
d'exécution***.

Les paquets vous parviendront avant la fin du mois.

Nous vous serions **reconnaissants*** de nous **aviser*** de
l'arrivée des marchandises.

Espérant que cet arrangement vous conviendra, nous vous
prions de croire, Madame, à l'expression de nos
sentiments distingués.

Service d'Exportations
P. Bruneaux

a) When will the goods arrive?
b) What is the arrangement M. Bruneaux refers to in the complimentary
close?

Drills

Complete the following sentences as in the example. Make changes in tense and agreement where necessary:

1) Nous / accusons réception de votre commande du / 12 juin / courant relative aux disquettes vierges 3 pouces, simple densité. *blank man*

   a) Je / 15 mai / **manettes*** de jeu. *joystick (computer)*
   b) Le Service des Ventes / 6 mars / machines à écrire mécaniques "Eurotype".
   c) M. Delambre / 12 octobre / jupes en velours **côtelé*** 100% coton.
   d) Nous / 18 janvier / polos rayés, manches courtes.

2) Les marchandises / ~~seront~~ *sera* envoyées / demain / par avion.

   a) le tout / aujourd'hui même / train.
   b) paquets / à la fin de la semaine / bateau.
   c) caisse / demain / route.
   d) marchandises / à la fin du mois / avion.

3) Nous / avons les chaussures / en stock et le tout devrait étre prêt à l'envoi / le 7 mars.   *dans les plus bref delais*

   a) Je / les **salopettes*** / le mois prochain.
   b) Nous / les armoires / d'ici une semaine.
   c) Notre magasin / les **couettes*** / le plus tôt possible.
   d) Notre succursale / les **ponceuses*** / dans les jours à venir.

Grammar Check   *dès que possible*

The future tense is formed by adding the endings: **ai, as, a, ons, ez, ont** to the infinitives of all regular verbs. e.g. **J'aimerai, tu finiras, il vendra, nous choisirons, vous traillerez, ils attendront**. Irregular verbs have different forms to which these endings are added and must be learnt separately. Examples from the text are: **Les marchandises seront envoyées, Espérant que cet arrangement vous conviendra, Les paquets vous parviendront**. Letter 4.3: Note that as a predeterminer **tous** as in **tous les articles** is pronounced /tu/. As a pronoun as in **Ils sont tous partis** it is pronounced /tus/. As a noun **le tout** means "the whole".

Drill 1a — **manettes de jeu** — Compound nouns: noun + preposition + noun: Only the first noun takes the plural.

Exercise 4.1

Complete the following letter from a supplier to a client thanking him for his order of 10,000 dustbin liners in pre-cut rolls[1] and 1000 freezer bags[2].

Nous *vous remercions de votre commande*

Numéro 435/23/32, c'est-à-dire : 10 000

Sacs à ordures en rouleaux prédécoupés et

1000 *sacs congélation*

Nous *avons tous les articles* en stock

et *le tout* devrait être *prêt à l'envoi*

..... d'ici quelque jours.

Les *marchandises* seront envoyées par *train*.

Espérant *que cet arrangement vous*

conviendra, nous vous prions d'agréer,

Monsieur, *l'assurance de nos sincères*

salutations.

[1] sacs à ordures en rouleaux prédécoupés
[2] sacs congélation

Exercise 4.2

Re-write the following to form a letter similar to Models 1 – 4

3 { commande jointe. Les caisses }

6 { disposition, nous vous prions de croire, }

8 { sentiments les meilleurs. }

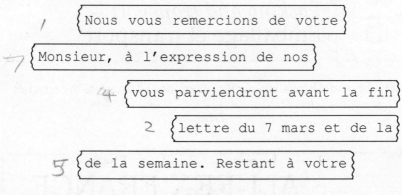

Exercise 4.3

Write a letter in French from M. Quarre the Sales Manager of T.I. & E.
R., 59, rue de Longvic, Post Box Number 267, Vitbraye, telephone
number 34 56 25 75, Fax number 34 76 83 21 (who deal in polyethylene
sheeting[1]) to Beta Mesures ETS, France, 54, rue d'Aguesseau, Post Box
Number 43, 93190 Noisy-le-Sec. (This firm receives a large amount of
mail which is delivered separately directly to them). Mention that:

- you received their order of 12 September for 6 large tarpaulins
  for use as covers in buildings under construction[1], and 20
  plastic agricultural sheets for mulching purposes[2].
- the delivery will take place as soon as possible.
- you would be grateful if they would let you know when the
  goods arrive.
- end the letter appropriately.

[1] films polyéthélyne
[2] bâches bâtiments
[3] gaines agricoles pour paillages

Packing and transport –
Emballage et transport

Study the model letters, answer the questions and complete the exercises.

Letter 5.1

ALUFEX FRANCE

45, Av. des Morillons 65398 LILLE CEDEX

Téléphone 23 45 67 23 Télex: 25 454 Alufex Lille
Chèques Postaux: 40-45 Lille[2]
Registre du Commerce : 46 B 30 Marseille[3] 91432

DENUZIERE ET CIE[1]
51, rue de Verdun
MORSANG-SUR-LOIRE

Lille, le 9 juin, 19 --

Monsieur,

Suite à notre commande No: 867/342 du 5 février, nous
tenons à* vous informer que les 20 **Ensembles*** miroir
triptyque de 140 - EQUINOXE 8490 doivent être livrés
avec fixations, éclairage intégré, **prise*** et
interrupteur* à notre **succursale*** d'Arras.

D'autre part, la commande No: 867/343 doit être envoyée
à notre entrepôt marseillais.

Les miroirs devront être empaquetés en **ballots***,
recouverts de **toile de jute*** et avec un cerclage
métallique.

Dans l'attente de vos commandes futures auxquelles nous
accorderons toujours nos meilleurs soins, nous vous
prions d'agréer, Monsieur, l'expression de notre
considération distinguée.

Directeur Alufex France
Léon Gaultier

Société Anonyme au Capital de 100 000 000 F – RC Paris B3245356

[1] compagnie.
[2] Postal cheque (Giro) number.
[3] The company's registration number.

a) Is this letter from a client to a supplier or vice versa?   *yes*.
b) What kind of **miroir** do you think M. Gaultier is referring to?
c) Where must order No: 867/342 be sent?   *branch at Arras*
d) How would M. Gaultier like the second item to be packed?
   in bales crated in sacking with metal strapping

Letter 5.2

Monsieur,

Nous avons bien reçu votre commande du 5 janvier.

Les articles vous seront expédiés, selon vos
instructions, à votre dépôt à Dieppe le plus tôt
possible.

Tous les emballages portent clairement la marque
conventionnelle internationale fragile - haut - bas.

Nous vous remercions pour votre commande et vous
assurons, Monsieur, de nos sentiments dévoués.

Directeur des Ventes à l'Etranger

Marc Brechard

a) Who is this letter to, a client or a supplier?   *client*
b) What is M. Brechard's position?   *overseas sales manager*
c) Where are the goods being sent?   *Dieppe depot*
d) What does he say about the packing?

Letter 5.3

Messieurs,

Suite à votre lettre du 8 août, voici les **précisions*** concernant l'expédition de notre commande No: A/765.

Chaque article doit être emballé dans des caisses spéciales pour **éviter*** tout risque de dommage en cours de transport.

Veuillez livrer les marchandises à l'**entrepôt*** de notre **transitaire*** et nous envoyer la facture en double **exemplaire***.

Je vous prie de recevoir, Messieurs, mes sentiments dévoués.

Directeur des Achats

B. Chanoit

a) Who is this letter from, a client or a supplier?
b) What was the purpose of the letter that M. Chanoit wrote on 8th August?
c) What do you think the **transitaire** will do with the goods?

Letter 5.4

Mesdames,

Comme vous nous l'avez demandé dans votre lettre du 8 mars, nous vous adressons 20 caisses de 50 kg de pâté de foie gras par conteneur **frigorifique*** du port de Boulogne jusqu'à Douvres.

Nous espérons qu'elles vous parviendront rapidement et en bon état.

Dans l'espoir que vous apprécierez la qualité de nos produits et que nous aurons l'occasion de traiter à nouveau avec vous, nous vous prions de croire, Mesdames, en nos sentiments les meilleurs.

P. BARRIEUX ET CIE
Michel Franzetti

a) What was the purpose of the letter written on 8th March? *placing order*
b) How can you tell that M. Franzetti is particularly keen to please these customers? *closing remarks.*

Drills

Complete the following sentences as in the example. Make changes in tense and agreement where necessary.

1) Suite à notre commande du / 8 août, / nous vous *standard lamp* **precisons*** que les / **lampadaires*** halogènes style rustique / doivent être livrés à notre / succursale de Dieppe. *specify*

   a) 9 septembre / je / les **peignoirs*** (col **châle***) / entrepôt de Reims. *shawl*

   b) 5 mai / nous / la bibliothèque-vitrine de style Louis XV / bureau d'Amiens.

   c) 6 janvier / je / les combinaisons de ski enfant / succursale d'Avignon. *ski suits*

   d) 15 octobre / nous / les montres "signes du zodiaque" à quartz / agence de Grenoble.

2) Les jouets / vous seront expédiés / demain / selon vos instructions à votre / magasin de Lille.

   a) Les mobiles musicaux pour berceau / prochainement / entrepôt de Calais. *soon / shortly*

   b) Les radios-réveils / la semaine prochaine / bureau de Rouen.

   c) Les téléphones sans fil TD 8734 / à la fin du mois / succursale d'Evreux.

   d) Les abris-douches / aujourd'hui / dépôt de Paris.

3) Comme / vous / nous l'avez demandé dans votre lettre du / 6 juin, / nous vous expédions / les **hottes aspirantes*** / par / voie aérienne de / l'aéroport de Lille jusqu'à Londres. *oven hood*

   a) vos clients / 9 octobre / les tapis de laine / voie maritime / porte de Dieppe / Newhaven.

   b) votre gérant / 7 août / les mini lave-vaisselles compacts / voie ferrée / de Victoria / Boulogne.

   c) vous / 15 mars / porte basculante de garage en acier / voie routière / Calais / Marseille. *up & over*

   d) votre agent / 3 juillet / les **escaliers de meunier*** / voie fluviale / Chalons-sur-Saône / Chaumont.

open wood staircase / loft stairs

Grammar Check

Letter 5.1: Compare **devraient être empaquetés en ballots** with **les......
doivent être livrés** and **la commande No: 867/343 doit être expédiée**
(*must be*). Note the agreement of the past participle with the subject.
Letter 5.3: The present participle **concernant** is the equivalent of a
relative clause with **qui** e.g. **les précisions qui concernent l'expédition
de notre commande** (cf Unit 6 below – Grammar Notes).

Exercise 5.1

Complete the following letter from a supplier to a client concerning a
delivery of 20 plant tubs[1].

```
Monsieur,

Suite à.... notre commande

No: A/54 .du. .9... mars. nous avons

.à... vous. informer que les .balconnières

doivent être livrées..... à notre dépôt de Calais.

Toutes les boîtes ..... ..... la marque

..... ..... ..... ..... .....

Nous ..... ..... ..... ..... .....

..... ..... ..... , Monsieur, .....

..... ..... ..... .
```

[1] balconnières

Exercise 5.2

Re-write the following to form a letter similar to Letters 1 – 4:

3 { en ballots recouverts de toile }

8 { l'occasion de traiter à nouveau }

5 { expédiées à notre dépôt dieppois. Dans }

10 { recevoir, Monsieur, nos sentiments les meilleurs. }

1 { Nous avons bien reçu votre commande }

6 { l'espoir que vous apprécierez la }

2 { du 9 janvier. Les boîtes seront empaquetées }

9 { avec vous, nous vous prions de }

4 { de jute avec un cerclage métallique et seront }

7 { qualité de nos produits et que nous aurons }

Exercise 5.3

Write a letter in French from Alba Plastique of 10, rue Benoît Malon, 98453 Rungis Cedex, Tél; 34 25 67 54, Téléx: 163 756 F to Groupe Sarrabia at 7, avenue Charles de Gaulle (in the industrial area), 67431 Dardilly Cedex.

- include the date.
- say that you are sending the shipping details in reply to their letter of 5th August.
- mention that the goods will be sent, as instructed, by road to their warehouse at Reims before the end of the month.
- add that you hope that they will arrive quickly and in good condition.
- end by saying that you hope they appreciate the quality of your products and that you will have a chance to have

Confirmation of delivery –
Accuser réception de livraison

Study the model letters, answer the questions and complete the exercises.

Letter 6.1

DIANA
Produits traitants pour le visage

34, place de la Seine, Z.I. 27100 *VITRY LE FRANÇOIS*
Tél: 34 56 73 12 Télex: 143 345 F Adr. télgr. Durfils 43 Vitry Chèques postaux 153-34 Reims

```
                          Robert  Despointes          account
                          Directeur  Commercial           no.
                          DISIMEX  INTERNATIONAL
                          21 Rue de la Charité
                          96341  IVRY-SUR-SEINE CEDEX

                          Vitry le François
                          le 2 septembre, 19 --

Objet: Notre commande No: 4364/10
Ecran Solaire Maximal¹
Lotion Solaire au Beurre de Cacao²

Monsieur,

Nous avons bien reçu les articles qui figurent dans
notre commande à l'essai* mentionnée ci-dessus et qui
nous sont parvenus en parfait état.

Si, comme nous l'espérons, notre clientèle apprécie vos
produits solaires, nous nous ferons un plaisir de vous
passer des commandes plus importantes.

Veuillez agréer, Monsieur, l'assurance de nos
sentiments les meilleurs.


Directeur
Roger Durillon
```

[1] Maximum Protection Sunscreen
[2] Cocoa Butter Suntan Lotion

a) Do you think that the Diana company have their establishment in the centre of Vitry?
b) How would you address a telegramme to the Diana Company?
c) How would you make a cheque out to them?
d) What was the purpose of this order?
e) Will M. Durillon place any more orders with Disimex International?

Letter 6.2

Monsieur,

Nous vous remercions de votre envoi du 26 juin, qui nous est parvenu ce matin en bon état et en temps voulu[1] La facture et l'expédition sont en parfait accord[2].

Nous espérons être en mesure de vous passer une commande identique **prochainement.***

Nous vous prions d'agréer, Monsieur, l'expression de nos sentiments les meilleurs.

Le Directeur de l'Agence
Léon Grolée

[1] within the required time.
[2] "tally"

a) How do you know that M. Grolée was in a hurry for the goods?
b) What came with the goods?
c) Is he going to re-order?

Letter 6.3

```
Monsieur,

Nous sommes heureux d'accuser réception des Lotions
Après Rasage Samarkand (No: 1) et Jamaique (No: 3) dont
nous avions passé commande il y a deux semaines
(Numéros 10 & 11 de notre commande No: 3692).

Notre camion a pris, hier, livraison des marchandises
aux docks.

Dans l'attente des articles qui restent à nous être
livrés, nous vous prions de recevoir, Monsieur, nos
sentiments les meilleurs.

Le Directeur Commercial
Sylvain Villedary
```

a) How long did M. Villedary have to wait for his order to arrive?
b) How was it sent?
c) Has he received all of the goods he ordered?

Letter 6.4

```
[Commande No: 42691]
50 Armoires suspendues* 8240 : charnières* à droite

Madame,

La première partie de l'envoi des armoires vient de
nous parvenir¹ par voie ferrée.

Nous sommes heureux de vous confirmer que le premier
lot livré correspond parfaitement à l'avis
d'expédition.*

Vous pouvez donc attendre une nouvelle commande de
notre part dans un bref délai².

Nous vous prions d'accepter, Madame, l'hommage de notre
respect.

Directeur du Service Importations
Jacques Remoleux
```

[1] has just arrived

[2] compare prochainement, Letter 6.2.

a) How did the goods arrive?

b) How did M. Remoleux make sure that everything was in order?

Drills

Re-write the following sentences using the items listed. Make changes in tense and agreement where necessary:

1) Nous / avons bien reçu / les articles / qui figurent dans notre commande No: / 46873 et qui sont parvenus en parfait état.

   a) Je / l'armoire de toilette / 974-32A
   b) Nous / les enveloppes de couette / F-232A
   c) Je / les jeans TEXAS en pur coton / 321/A32
   d) Le transitaire / l'humidifacteur d'atmosphère / 876/24A

2) Nous / sommes heureux de vous confirmer réception des / slips en jersey / dont nous avions passé commande / il y a deux semaines.

   a) Je / **coupe-vents*** [wind cheaters] / le mois dernier.
   b) Notre gérant / tables de ping pong Eurosport / il y a une semaine.
   c) Notre client / **bahuts*** [dresser / sideboard] (Large. 100. haut 79 cm.) / avant hier.
   d) Nos clients / **housses*** [cover / protective bag] multi-usages / le 12 septembre.

3) Notre / fourgonnette a pris / ce matin / livraison / des marchandises / à la gare.

   a) Mon camion / aujourd'hui / pantalons aérobic / au port de Marseille.
   b) Notre agent / hier **perceuses visseuses-dévisseuses*** [drill / screwdriver] / à l'aéroport.
   c) Mon **adjoint*** / la semaine dernière / **pistolets à souder*** [soldering gun] / à l'entrepôt.
   d) Nos clients / il y a deux jours / **lustres*** [chandelier] à deux branches / au dépôt.

Grammar Check

Letters 6.1 & 6.2: The relative pronoun **qui** means *who, that* and *what* and is always the subject of the verb in the relative clause e.g. **les articles qui figurent** and **votre envoi du 26 juin, qui nous est parvenu..** (compare **que** Unit 2). Letter 6.3: **dont** means *whose, of whom, of which,* e.g. **confirmer réception de ...... dont nous avions passé commande...** made necessary by **de** after **réception**. Letter 6.4: Phrases expressing action, either about to happen or which has just happened, are: **être sur le point de, être en train de** and **venir de** and must each be followed by an infinitive e.g. **......vient de nous parvenir.**

Exercise 6.1

Complete the following letter from a client to a supplier regarding an order for 30 video-recorders[1].

```
Objet: .... ....   No: 3265 32 30

..... Nous .... .... .... ....

.... .... .... qui .... .... ....

.... ....., ci-dessus, No: .... qui

nous .... ....  .... .... état.

Notre fourgonnette* .... .... ....

.... .... .... .... gare.

Nous espérons .... .... .... ....

.... passer .... .... ....

prochainement.

Dans .... .... .... .... ....

.... .... .... ....., nous vous

prions .... .... .... .... ....

.... ....
```

[1] magnétoscopes

Exercise 6.2

Re-write the following to form a letter similar to Letters 1 — 4:

> des commandes plus importantes.

> Nous vous prions

> réception des fauteuils dont nous

> vos marchandises, nous nous ferons

> un plaisir de vous passer

> Nous sommes heureux de vous confirmer

> Si, comme nous l'espérons, notre clientèle

> apprécie

> d'agréer, Monsieur, l'expression de nos

> sentiments dévoués.

> semaines (numéros 7 et 8 de notre commande).

> avons passé commande il y a deux

Exercise 6.3

Write a letter in French from M. Gilbert Dousser, the Chief Buyer of Destouche France, 5, rue des Petits Ruisseaux, 92402 COURBEVOIE CEDEX, telephone number: 76 34 25 87, telex number: 235 567, fax number: 45 32 67 854 to Madame de Terline of Europlac Plastics at 14, place Vendôme, P.O. Box 67, 69863 LILLE. Include the date, references and your ofer number. Mention that:

- the first part of the consignement of frozen cooked meals[1] has just arrived.
- the invoice and the shipment tally perfectly.
- (as you close) that you are still waiting for the rest of the goods to be delivered.

[1] plats cuisinés surgelés

Complaints –
Réclamations

Study the model letters, answer the questions and complete the exercises.

Letter 7.1

ALEXANDER
Produits Céramiques
Groupe Legrand Denis

7, rue du Bois
78530 ZI MACON

BR ÉTABLISSEMENTS
8, rue Georges Enesco

Macon, le 12 mai, 19 --

n/réfs: PR/43/NL
v/réfs:

Messieurs,

Nous venons de prendre livraison des articles figurant
sur notre commande No: 143/2A.

Nous avons le regret de vous signaler que les armoires
de toilette (avec miroir, **bandeau lumineux*** et
tablette*, couleur; pin maritimes foncé) ne
présentaient pas la qualité habituelle.

Pourriez-vous prendre les dispositions nécessaires le
plus vite possible pour le remplacement des articles et
leur livraison?

Dans l'attente de votre prompte réponse, je vous prie
de croire, Messieurs, à mes meilleurs sentiments.

Directeur
Fernand Rousselot

[1] make the necessary arrangements

a) Has M. Rousselot dealt with BR Établissements before?
b) What is his complaint?
c) What does he want the company to do?

Letter 7.2

```
Monsieur,

Nous avons le regret de vous informer que notre
chargement du set d'haltères* nous a été livré hier
en mauvais état.  Vous comprendrez notre déception*.

Nous vous retournons sur-le-champ* les articles
endommagés et vous serions reconnaissants de les
remplacer  immédiatement.

Nous vous prions d'agréer, Monsieur, l'expression de
nos sentiments dévoués.

J. Godart
```

a) Is M. Godart returning the whole consignment?
b) What does he want done?
c) How do you know that he is in a hurry?

Letter 7.3

Monsieur,

Nous accusons réception des canapés en **pin massif*** que
vous nous avez envoyés **conformément à*** notre commande
du 5 courant.

Bien que les cartons soient intacts, nous avons
découvert au **déballage*** qu'un certain nombre de pièces
étaient cassées.

Nous avons signalé les **dégâts*** au transporteur et avons
gardé les cartons et leur contenu en vue d'une
inspection.

Veuillez croire, Monsieur, à l'expression de nos
sentiments distingués.

P.Lefèvre

a) When did M. Levèvre find out that some of the items were damaged?
b) Who has he reported the problem to?
c) Why is he keeping the damaged goods?

Letter 7.4

Messieurs,

Votre expédition nous a enfin été livrée hier depuis
la gare de fret aérien.

Malheureusement, je suis au regret de vous faire savoir
que les marchandises présentaient des défauts évidents.

Je vous serais donc obligé de m'envoyer votre
représentant le plus tôt possible afin qu'il constate[2]
le fait par lui-même.

Veuillez agréer, Messieurs, mes sentiments les
meilleurs.

Pour EUROSYSTEMS SA

J. Picavet
Directeur

[1] from
[2] so that he can verify...... See Grammar Notes below.

a) How do you know that Eurosystems have been waiting some time for their goods?
b) What does le fait refer to in paragraph 3?
c) What is M. Picavet's position?

Drills

Re-write the following sentences using the items listed. Make changes in tense and agreement where necessary:

1) Bien que les / cartons / soient apparemment intacts, / nous / avons découvert au / déballage à la gare / qu'un certain nombre de / canapés convertibles / étaient cassés.

   a) paquets / je / à leur arrivée / balances électoniques / endommagées.
   b) boîtes / nous / à l'installation / radiateurs infra-rouges / esquintés.
   c) caisses / notre agent / au dépôt / fauteuils / **abimés***.
   d) cartons / mon adjoint / bureau / le meuble téléphone / détérioré.

2) J' / accuse réception de / l'alarme voiture / que vous m'avez envoyée conformément à ma commande du / 5 septembre.

   a) Nous / **tables de cuisson*** / 7 mars.
   b) Je / **jumelles*** "Permo Focus" / 24 août.
   c) M. Boileau / antennes intérieures / 3 juillet.
   d) Notre client / bottes basses élastiquées / 8 février.

3) Nous / avons le regret de vous informer que votre / chargement / de / **réchauds*** à gaz / nous a été livré / hier / en mauvais état.

   a) Je / envoi / mini-fours / ce matin.
   b) Le Directeur / expédition / matelas / aujourd'hui.
   c) Je / carton / pyjamas / le 5 août.
   d) Nous / caisse / **chemises*** / cet après-midi.

Grammar Check

The present subjunctive occurs in all written work. It is formed by taking the root of the third person plural of the present indicative and adding the endings: **e, es, e, ions, iez, ent** to the root. The subjunctive is used after:

a) Certain conjunctions, such as **bien que, afin que, pour que, jusqu'à ce que, quoique** etc. Examples from the texts are: Letter 7.3 **Bien que les cartons soient intacts....** Letter 7.4 — **afin qu'il constate...**

b) Verbs expressing command or desire, emotion, doubt or uncertainty, such as: **vouloir, désirer, s'étonner, regretter, douter, supposer** and the negative and interrogative forms of verbs which otherwise do not express doubt or uncertainty. For example: **Etes-vous sûr qu'on puisse compter sur lui? Croyez-vous qu'il vienne? Nous ne sommes pas certain que ces produits soient bons.**

c) Phrases such as: **Il est possible, il faut, il se peut, il est nécessaire, il vaut mieux,** etc.

Exercise 7.1

Complete the following letter from a client to a supplier regarding an order for 10 garden sheds[1].

```
Monsieur,

Bien que ..... ..... ..... intact(es),

..... ..... ..... au déballage .....

..... ..... ..... ..... ..... cassées.

Vous ..... notre ..... Je vous .....

..... ..... ..... ..... .....

répresentant ..... ..... ..... .....

afin ..... ..... ..... ..... par lui-

même. Dans ..... ..... ..... .....

réponse, je vous ..... ..... .....

Monsieur, à ..... ..... .....
```

[2] abris de jardin

Exercise 7.2

Re-write the following to form a letter similar to Letters 1 – 4:

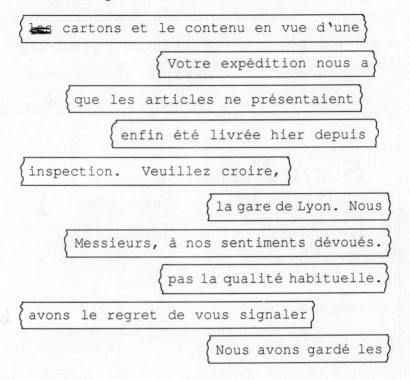

> ~~Les~~ cartons et le contenu en vue d'une

> Votre expédition nous a

> que les articles ne présentaient

> enfin été livrée hier depuis

> inspection. Veuillez croire,

> la gare de Lyon. Nous

> Messieurs, à nos sentiments dévoués.

> pas la qualité habituelle.

> avons le regret de vous signaler

> Nous avons gardé les

Exercise 7.3

Write a letter in French from M. Jacques Duhaut, the Managing Director of Billantard SARL, part of the Alliax Group, at 78, rue des Belles-Feuilles, B.P. 879 34 F-75634 Paris Cedex 14, telephone (1) 56 34 65 76 89., telex 876 235 F, fax (1) 35 46 21 78, to M. Reynier of EUROMAT AUTOMATION at 6, avenue de Villemomble, 9756 SAINT-BRICE-SOUS-FORET. Include the date, references and your order number. Mention that:

- you have received the tinned fish[1] in accordance with your order of the 5th.
- unfortunately, you have to report that the goods are clearly defective.
- you are returning the faulty goods immediately.
- you would like replacements straight away.
- end the letter appropriately.

[1] conserves de poissons et viandes

Replies to complaints —
Réponses à des réclamations

Study the model letters, answer the questions and complete the exercises

Letter 8.1

SOUVIE **F**RERES S.A.

4, rue Charles Cros, ZAE
78536 ROSNY-SUR-SEINE
Téléphone : 34 56 75 89
Télex : 607 130 F
Fax : 76 34 58 97

Pierre Amblard
RONDAT FRANCE
134 rue de Clignancourt
27654 SARCELLES

Rosny, le 6 mars 19 --

V/réfs: DF/JL
N/réfs: GE/JL

Commande No: 4365 - 30 douzaines de verres à vin

Monsieur,

En réponse à votre lettre du 3 mars au sujet de la non-livraison des verres à vin, nous nous sommes renseignés **auprès de*** notre Service d'Expédition qui nous apprend que les marchandises ont été endommagées par la tempête que nous avons **subie*** la semaine dernière dans la région.

Vous pouvez être assuré que nous **veillerons*** ~~See to~~ attentivement à l'exécution de cette commande le plus tôt possible.

Avec tous nos regrets pour le **dérangement***, nous vous prions d'agréer, Monsieur, l'assurance de notre considération distinguée.

Robert Rongières

Service après-vente
Robert Rongières

a) How did M. Rongières find out what had happened to the order?
b) Why wasn't the order sent off promptly?
c) What is he going to do about it?

Letter 8.2

Monsieur,

Nous regrettons vivement de n'avoir pu[1] jusqu'à présent vous expédier les disquettes d'**ordinateur***.

Nous les avons bien en stock, mais ne trouvons pas trace d'une facture au nom de votre société. Pouvez-vous, pour faciliter nos recherches, nous communiquer le numéro et la date de votre commande?

Nous vous promettons de faire **preuve*** de la plus grande diligence[2] dès réception de votre réponse.

Je vous prie de recevoir, Monsieur, l'expression de ma considération distinguée.

Fernand Marquis

[1] not having been able to
[2] we will give the matter our utmost attention.

a) Why hasn't M. Marquis been able to send the goods?
b) What does he want his client to do?
c) How does he show that he values this particular client's custom?

Letter 8.3

Messieurs,

Nous avons constaté que nous vous avons facturé 400 FF
en trop et vous trouverez ci-joint un **avoir*** pour la
somme dite.

Nous changeons **actuellement*** notre système de
comptabilisation par ordinateur, ce qui a amené
quelques **doublons*** dans la **facturation***.

A présent[1] que cet incident est régularisé, nous
espérons être en mesure de continuer comme d'habitude.

Avec tous nos regrets, nous vous prions d'agréer,
Messieurs, nos sentiments distingués.

Service Comptes Clients
Jaqueline Pinez

[1] as soon as

a) Why has Mlle Pinez sent her client **un avoir**?
b) Why have there been some duplications?
c) What department does Mlle Pinez work in?

Letter 8.4

Madame,

Nous avons été **navrés*** d'apprendre que les **sommiers***
métalliques à tendeurs que nous avons expédiés par
chemin de fer se sont déliés en cours de transport et
sont, par conséquent, arrivés endommagés.

Nous nous excusons vivement de l'erreur, qui est due à
l'inattention d'un nouvel emballeur.

Nous sommes prêts à accepter la pleine responsabilité
du dommage et nous avons immédiatement remplacé les
articles.

En vous priant de nous excuser pour tout dérangement
que cet incident peut vous causer, veuillez accepter,
Madame, l'hommage de notre respect.

Département d'Exportation
Henri Gaffarel

a) What happened to the articles?
b) Whose fault was it?
c) What has M. Gaffarel done about the error?

Drills

Re-write the following sentences using the items listed. Make changes in tense and agreement where necessary.

1) En réponse à votre lettre du / 5 janvier / au sujet des / sacs de sport en nylon **enduits*** PVC, / nous / nous sommes renseignés auprès de notre / transitaire / qui nous apprend que les / caisses / ont été expédiées / ce matin.

   a) 9 février / scies circulaires / je / gérant / cartons / envoyés / hier.

   b) 23 juin / draps / nous / **contremaître** / paquets / expédiés / aujourd'hui.

   c) 5 août / projecteurs de diapositives / mon adjoint / agent maritime / conteneurs / envoyés / la semaine dernière.

   d) 8 juillet / joggings en **molleton*** / nous / représentant / **ballots*** / expédiés / ce matin.

2) Nous / regrettons vivement de n'avoir pu jusqu'à présent vous / expédier / les auto-radios PO/GO/FM avec lecteur de cassette stéréo / que vous avez commandés.

   a) Le Directeur des Ventes / envoyer / lunettes astronomiques
   b) Nous / envoyer / chargeurs de batterie 6/12 V
   c) Ma collègue / expédier / mallettes dépannage 50 pièces.
   d) Je / expédier / haut-parleurs de voiture

3) Nous / avons été navrés d'apprendre que les / montres digitales et calendriers / que nous avons / expédiés / par avion / se sont / endommagés / en cours de transport.

   a) Je / aspirateurs autos 12 V. / envoyés / par train / cassés
   b) M. Laurent / pistolets à peindre électrique / expédiés / par bateau / abîmés
   c) Je / pantalons à **pinces*** / expédiés / par la poste / endommagés
   d) Nous / **étagères*** / envoyées / par route / **esquintées***

Grammar Check

The perfect infinitive is formed with the infinitive of **avoir** and **être**, followed by the past particple of the verb. Examples from the texts are Letter 1: **Vous pouvez être assuré...** and Letter 2: **Nous regrettons**

vivement de n'avoir pu.... It is used after **avoir** and after verbs such as **regretter de, se souvenir de, remercier de** and **être désolé de**. See also Grammar Check 3.

The passive is formed with **être** followed by the past participle of the verb, e.g. Letter 4: **Nous avons été navrés d'apprendre que....** The past participle must agree with its subject. Note, however, that the passive is far less common in French than in English and is avoided wherever possible.

Relative pronouns: **que** means *whom, that, which* and is always the object of the verb, as in Letter 1: **...la tempête que nous avons subie,** and Letter 4: **...les articles que nous avons expédiés.** Compare...**notre Service d'Expédition qui nous apprend...** (see Grammar Check Unit 6).

Exercise 8.1

Complete the following letter from a supplier in answer to a client's complaint about the non-delivery of 10 filing cabinets with roll-down wooden doors[1].

```
En réponse ..... ..... ..... ..... 1er

avril, au sujet ..... ..... ..... des

..... ..... ..... nous ..... .....

..... ..... ..... ..... Service

d'Expédition qui ..... ..... que les

..... ..... ..... ..... ..... un

incendie qui ..... ..... ..... .....

..... ..... ..... ..... .....

A présent que ..... ..... ..... .....,

nous espérons ..... ..... ..... .....

..... ..... ..... ..... ..... .

Avec ..... ..... ..... pour le .....,

nous vous ..... ..... ..... ..... .....

..... ..... .....
```

[1] classeurs à rideau

Exercise 8.2

Re-write the following to form a letter similar to Letters 1 – 4

priant de nous excuser pour tout

pu jusqu'à présent vous expédier

dérangement que cet incident peut

être assuré que nous veillerons

Nous regrettons vivement de n'avoir

vous causer, veuillez croire, Monsieur, à

l'expression de

attentivement à l'exécution de cette

les fauteuils. Vous pouvez

ma considération distinguée.

commande le plus tôt possible. En vous

Exercise 8.3

Write a letter in French to M. Solnais GUERIN FRANCE, 71, rue Guy Moquet, 75116 Paris from Daniel Mignard in the Shipping Department of INTERGEST MARSEILLES at 58, avenue Leclerc, 68500 Marseilles, telephone: 45 36 57 43, telex: 650 140 F, fax: 45 67 32 56. Include the date and references and mention that:

- you have received their letter of 9th September.
- you are sorry you have not been able to despatch their order.
- your excuse for the mistake was because of a fault in your computer which causes it to duplicate figures on invoices.
- End appropriately by saying that you are sorry for the inconvenience that the incident may have caused.

Study the model letters, answer the questions and complete the exercises.

Letter 9.1

INTERSERVICE

EQUIPEMENTS AÉRONAUTIQUES

81, rue Lamartine Z.I. des Gâtines B.P. 2 98265 BORNEL
Téléphone : 87 45 32 67 Téléx : 143 136

```
                              Jacques  Cherrau
                              ISOTECH FRANCE
                              rue Ampère — immeuble Vomag
                              89476 PLAISIR CEDEX

                              Bornel, le 1er mai, 19--
Vos réfs: JC/mt
Nos réfs: JPF/jd

Monsieur,

Nous aimerions attirer votre attention sur notre
facture datée du 4 mars.

Comme nous n'avons pas encore reçu votre paiement des
deux derniers envois*, nous vous serions très
reconnaissants de nous envoyer votre versement dès que
possible.

Je suis sûr que ce retard est dû à une omission de la
part de votre service comptable et dans l'attente du
règlement², je vous prie d'agréer, Monsieur, mes
sentiments les meilleurs.


Le Directeur des Ventes

Jean-Pierre Ferran
```

[1] See note 2 Letter 9.2 below

a) What is M. Ferran's main complaint?
b) What does he suggest is the cause of the problem?

Letter 9.2

```
Nous tenons à vous rappeler¹ que notre facture No:
896/1A datée du 8 août n'a pas encore été réglée.²

Nous vous demandons d'accorder toute votre attention à
cette affaire urgente.

Dans le cas où vous auriez déjà versé le montant en
question, veuillez ne pas tenir compte* de ce
rappel*.

Dans l'attente de votre prochain courrier, nous vous
prions de recevoir, Messieurs, l'assurance de notre
considération  distinguée.
```

[1] We wish to remind you
[2] Note that **règlement** takes a grave accent and **régler** an acute accent.

a) What is **cette affaire urgente** mentioned in the letter?
b) What could be the purpose of the reply to this letter?

Letter 9.3

Madame,

Nous accusons réception de votre lettre du 12 septembre
dernier, dans laquelle vous attirez notre attention sur
le fait que nous avons dépassé l'**échéance*** de vos
dernières factures.

Comme nous avons temporairement quelques difficultés
financières, nous vous adressons un **versement*** de la
moitié de votre facture et nous paierons le **reliquat***
dans les trois prochains mois.

En vous sachant gré[1] par avance de votre compréhension,
nous vous prions d'agréer, Madame, l'expression de nos
sentiments dévoués.

P.J. Chèque

[1] See Note 4 Letter 1.1

a) What was the purpose of the letter written on 12th September?
b) How is the writer trying to overcome the problem?

Letter 9.4

Monsieur,

J'ai bien reçu votre lettre du 8 janvier au sujet du
règlement non effectué de notre commande A/97864.

Comme vous avez pu le constater[1], notre politique[2] a
toujours été de régler nos comptes dans les meilleurs
délais.

Cependant, les dégâts provoqués par la tempête au sud de
l'Angleterre nous causent de graves problèmes de
liquidités et nous vous serions très reconnaissants de
nous accorder 30 jours supplémentaires.

Avec nos remerciements anticipés, veuillez agréer,
Monsieur, l'expression de mes sentiments les meilleurs.

[1] As you are aware
[2] policy

a) What was the letter of 8th January about?
b) What does **comme vous avez pu le constater** suggest?
c) Why has the company had to spend a lot of money lately?

Drills

Re-write the following sentences using the items listed. Make changes in tense and agreement where necessary.

1) Nous / aimerions attirer votre attention sur notre / facture / datée du / 4 mars.

   a) Je / relevé de compte / 8 août.
   b) Le Directeur / **connaissement*** / 20 janvier.   *bill of lading.*
   c) Je / **quittance*** / 4 mars.   *receipt.*
   d) Nos clients / lettre de change / 18 octobre.   *bill of exchange*

2) Cependant, / les dégâts provoqués par la tempête au sud de l'Angleterre / nous / causent de graves problèmes de liquidités *cashflow* et nous vous serions très reconnaissants de / nous / accorder / 30 jours / supplémentaires.

   a) les dégâts dûs à la pluie / me / une quinzaine de jours
   b) le retard / provoqué par la **grève*** / nous / une semaine
   c) le délai / dû au gel / me / un mois
   d) l'arrêt / provoqué par l'inondation / nous / quelques jours

3) Nous / tenons à vous rappeler que notre / facture No: / 899-1A / datée du / 8 août / n'est pas encore réglée.

   a) Je / compte / A-23-13 / 9 janvier
   b) Le gérant / facture / 325-X32-1 / 11 février
   c) Nos clients / compte / B43-430-1 / 23 mars
   d) Nous / facture / X43-76 / 14 décembre

Grammar Check:

Verb + infinitive: There are three main constructions when a verb is followed by an infinitive:

– verb + infinitive without a preposition, e.g. Letter 1: **Nous aimerions attirer votre attention ....**
– verb + **à** + infinitive, e.g. Letter 2 **Nous tenons à vous rappeler...**
– verb + **de** + infinitive, e.g. Letter 2: **Nous vous demandons d'accorder...**

As this is often a source of difficulty, the verb pattern should be learnt whenever a new verb is encountered.

Exercise 9.1

Complete the following letter of a supplier complaining to a client about the non-payment of his last consignment of goods.

```
Monsieur,

J'aimerais ..... ..... ..... .....

..... ..... datée du 12 février.  Comme

..... ..... ..... ..... ..... .....

paiement ..... ..... envoi, je vous

demande ..... ..... ..... ..... .....

..... ..... urgente. Dans ..... .....

..... ..... ..... déjà ..... .....

..... ..... question, veuillez .....

..... ..... ..... ..... ..... rappel.

Je suis ..... ..... ..... ..... .....

..... ..... ..... omission ..... .....

..... ..... ..... ..... comptable et

..... ..... ..... règlement, je .....

..... ....., Monsieur, ..... .....

..... meilleurs.
```

Exercise 9.2

Re-write the following to form a letter similar to Letters 1 − 4

7 { que possible.   Dans l'attente de votre }

2 { que notre facture No: 9874-23 }

8 { prochain courrier, nous vous prions }

4 { pas encore réglée et nous vous }

1 { Nous tenons à vous rappeler }

9 { de recevoir, Messieurs,   l'assurance de }

5 { serions très reconnaissants de }

3 { datée du 9 octobre   n'est }

10 { notre considération distinguée. }

6 { nous envoyer votre versement dès }

Exercise 9.3

Write a letter in French from M. Bresolin of MOD INSTRUMENTATION at 8 rue Lavoisier, Z.I. No: 3, 65019 L'AIGLE to M. Chaput of 5 − 7 allée du Closeau, 76302 SOTTEVILLE LES ROUEN CEDEX. Include references and state that:

- you have certainly received their letter of 25th May regarding *au sujet du* the non-settlement of their order A/8675. *reglement non effectué*
- you have temporary financial difficulties.
- you are sending him half of the amount due.
- you will pay the remainder within three months.
- thank him in advance and end appropriately.

Status enquiries – Renseignements commerciaux

Study the model letters, answer the questions and complete the exercises.

Letter 10.1

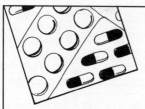

Etablissements Philipe
Spécialités pharmaceutiques
8, boulevard Romain Rolland
78319 COMINES
Tél: 56 34 76 89 Télex: 980 456 F

```
M. le Directeur
Barclays Bank S.A.
5, rue St Julien-Baychevelle

Comines 5 mars 19 --

Monsieur le Directeur,

Nous venons de recevoir une commande importante de la
Maison dont vous trouverez le nom sur la feuille* ci-
jointe.  Pourriez-vous nous fournir toute information
sur la situation de cette maison?

Nous aimerions savoir en particulier si cette société
jouit d'une situation financière saine* et si nous
pouvons leur faire profiter de nos marchandises avec
l'accord d'un crédit plafonné* à 50 000 FF.

Vous pouvez être assuré que ces renseignements
resteront strictement confidentiels.

Nous vous prions d'agréer, Monsieur le Directeur,
l'expression de nos sentiments distingués.
```

René Billebault

```
Directeur Gérant
René Billebault
```

a) Why is M. Billbebault asking the bank for information?
b) What has M. Billebault done to protect the confidentiality of his client?
c) What does he particularly want to know?

Letter 10.2

Monsieur,

Nous vous serions reconnaissants d'obtenir des renseignements sur Les Etablissements Leroux-France Sarl¹, qui désirent ouvrir un compte et nous ont donné votre nom comme référence.

Nous savons que vous êtes souvent en relation d'affaires avec eux, aussi avons-nous pensé que vous pourriez, mieux que tout autre, nous renseigner sur leur solvabilité. Pensez-vous que nous puissions² traiter avec eux sans risques?

Dans l'attente d'une réponse rapide, veuillez trouver ci-joint un coupon réponse international.

Nous vous prions de croire, Monsieur, à l'assurance de nos sentiments distingués.

Service Exportations
Michel Buchotte

¹ Société à responsabilité limitée
² Present subjunctive. See Grammar Check Unit 7.

a) Why is M. Buchotte writing to this company?
b) What does he particularly want to know?
c) What has he done to ensure a quick reply?

Letter 10.3

Messieurs,

Nous aimerions connaître votre opinion au sujet de la
Maison Lacor & Cie qui vous a cité en référence.

Avant de nous engager **définitivement*** envers eux, nous
vous serions obligés de nous communiquer votre opinion
sur la qualité de leur travail et leur service après-
vente.

Nous vous assurons que toute information que vous nous
fournirez sera traitée de façon confidentielle.

Dans l'attente du plaisir de vous lire et en vous
remerciant d'avance, je vous présente, Messieurs, mes
salutations les plus sincères.

Directrice de l'agence
Monique de Saint Etienne

a) What does Mme de Saint Etienne want to know before she does
    business with Lacor & Cie?

Letter 10.4

Monsieur le Directeur,

La Société Dessoutter et Racek nous a contacté en vue
d'une commande importante d'**appareils ménagers***.   Elle
nous a indiqué votre nom et nous vous saurions donc
très gré de bien vouloir nous fournir le plus
rapidement possible des renseignements sur la situation
financière de cette entreprise.

Bien que nous soyons[1] certains de leur aptitude à
régler, nous aimerions avoir confirmation que leur
situation financière garantit des règlements
trimestriels* à concurrence de[2]
5 000 000 FF.

Il va sans dire que tous ces renseignements demeureront
confidentiels.

Nous vous prions d'agréer, Monsieur le Directeur,
l'assurance de nos sentiments distingués.

Directeur des Ventes
Joseph Farnaud

[1] Present Subjunctive. See Grammar Check Unit 7.

[2] payments of up to.

a) What sort of order has Dessoutter et Recek placed?

b) How often will they be required to pay?

Drills

Re-write the following sentences using the items listed. Make changes in tense and agreement where necessary:

1) Nous / venons de recevoir une commande importante de la / Maison / dont vous trouverez le nom sur la feuille ci-jointe.

   a) je / compagnie
   b) Nous / magasin
   c) je / entreprise
   d) Nous / Société

2) Nous / aimerions savoir en particulier si cette / société jouit d'une situation financière saine et si nous pouvons leur faire bénéficier de nos marchandises avec l'accord d'un crédit plafonné à / 50 000 FF.

   a) Je / Société / 100 000 FF
   b) M. Leroux / entreprise / 300 000 FF
   c) Je / magasin / 20 000 FF
   d) Nous / compagnie / 20 000 FF

3) Nous / vous serions reconnaissants d'obtenir des renseignements / sur Les Etablissements Leroux-France Sarl, / qui désirent ouvrir un compte et nous ont donné votre nom comme référence.

   a) Je / Chimoplastic S. A.
   b) Nous / Inoxtron International
   c) Je / Duclos et Cie
   d) Madame Martin / Sarrazan France

Grammar Check

Indirect Object Pronouns: The pronouns **me(m')**, **lui, nous, vous, leur** come immediately before the verb they refer to, e.g. Letter 1: **Pourriez-vous nous fournir.....** & **....si nous pouvons lui fournir....** Letter 3: **Nous vous assurons que toute information que vous nous fournirez...**

Disjunctive Pronouns: **moi, toi, lui, elle, soi, nous, vous, eux, elles** are used instead of object pronouns when referring to persons after a preposition, e.g. Letter 2: ....**relations d'affaires avec eux...** & **Pensez-vous que nous puissions traiter avec eux?**

Exercise 10.1

Complete the following letter to a bank asking for confidential information about a potential client.

```
Monsieur le Directeur,

Nous ..... ..... ..... ..... .....

..... ..... la Maison ..... ..... .....

..... ..... ..... la feuille ci-jointe.

Pourriez-vous ..... ..... ..... .....

..... ..... ..... ..... de cette

maison? Nous savons que ..... .....

..... ..... ..... ..... ..... .....

..... ..... ..... ..... ..... .....

....., mieux que tout autre, nous .....

..... ..... solvabilité. Pensez-vous

..... ..... ..... ..... ..... eux sans

risques? Il va sans dire ..... .....

..... ..... ..... confidentiels. Nous

vous ..... ..... ..... ..... .....

..... ..... ..... ..... .....
```

Exercise 10.2

Re-write the following to form a letter similar to Letters 1 − 4

marchandises avec l'accord d'un

crédit plafonné à 50 000 FF.

d'obtenir des renseignements sur Les

Dans l'attente d'une réponse rapide, veuillez

trouver ci-joint un

désirent ouvrir un compte et nous

Nous vous serions reconnaissants

coupon réponse international. Nous vous prions

d'agréer, Monsieur le

ont donné votre nom comme référence.

Nous aimerions savoir en particulier

Établissements Leroux-France Sarl, qui

Directeur, l'expression de nos sentiments

distingué

si cette entreprise jouit d'une situation

financière saine et si nous

pouvons leur faire bénéficier de nos

Exercise 10.3

Write a letter to the Manager of the Banque Nationale de Paris, 56 rue
Nationale, 74500 Evian-les-Bains asking for their opinion of Durillon
Père Fils & Cie of 7, rue de la Résistance, 78310 Thonon-les-Eaux.
Mention that:

- they gave the bank's name as a reference
- although you are sure of their ability to pay their bills, you
  would like to know if they would be able to meet quarterly
  bills of up to 5 000 000 FF.
- the bank can be sure that the information will be treated as
  confidential.
- thank them in advance and end appropriately.

Cancellations and alterations –
Annulations et modifications
de commande

Study the model letters, answer the questions and complete the exercises.

Letter 11.1

PROPEC RÉALISATIONS TECHNIQUES ET PLASTIQUES

73, avenue de Jean Jaurès
Z.I. de Vaux la Penil
77341 MELUN CEDEX
Téléphone : 33 45 69 12
Fax : 34 56 98 06

INSTRONEX INTERNATIONAL SA
45, avenue Lénine
94728 MONTROUGE

Melun, le 10 octobre 19--

Vos réfs: Nos réfs: SD/115

Monsieur,

Nous sommes dans l'obligation de vous **signaler*** qu'une
erreur s'est **glissée*** dans notre commande No: A/147B du
5 octobre dernier.

Au lieu de: Coffret de rangement pour 18 disques-
compacts, il convient de lire[1] : Boîte de rangement
pour 10 cassettes audio.

Storage case
box

En vous priant de nous excuser pour ce regrettable
incident, veuillez accepter, Monsieur, l'assurance de
nos sentiments distingués.

Directeur des Ventes
Sylvain Duchesne

---

[1] it is right (it should)

a) How does Mr Duchesne try to minimise the error?
b) What is the error exactly?

Letter 11.2

Messieurs,

Le 4 janvier nous avons commandé un Egaliseur
graphique VOXIMOND qui devrait être livré à la fin du
mois.

Nous avons cependant découvert que notre stock actuel
suffit à nos besoins pour le mois à venir et nous
aimerions donc annuler la commande.

J'espère qu'en raison de nos relations de longue
date, vous accepterez cette modification.

Veuillez agréer, Messieurs, l'expression de notre
considération distinguée.

Directeur
Georges Rams

a) Approximately how long has M. Rams been waiting for his order?
b) What does it seem has happened during this time?

Letter 11.3

Monsieur,

Nous avons le regret d'apprendre par votre lettre du 9
octobre que vous êtes dans l'impossibilité[1] d'exécuter
notre commande No: 875-325 selon les détails convenus[2].

Nous vous rappelons que nous avions insisté sur le fait
qu'il était essentiel que la date de livraison soit
respectée.

Nous nous voyons malheureusement contraints[3] d'annuler
notre commande.

Nous vous prions de croire, Monsieur, à l'assurance de
nos sentiments distingués.

Directeur des Achats
Marcel Ferry

[1] it was impossible for you
[2] according to the stipulated details
[3] we see ourselves obliged to

a) What did the letter of 9th October inform M. Ferry?
b) Why has M. Ferry cancelled the order?

Letter 11.4

Madame,

Puisque vous n'avez pas ces articles en stock, nous
vous saurions gré de bien vouloir annuler notre
commande de lots de 8 paires de mi-chaussettes et de
les remplacer par des lots de 10 paires de mi-bas
(Coloris identiques aux mi-chaussettes). Veuillez
trouvez, ci-joint, un bon de commande révisé.

Nous vous serions obligés de nous confirmer le plus
rapidement possible votre accord à cette modification
de commande.

Dans l'espoir d'une réponse favorable, nous vous prions
d'agréer, Madame, l'expression de nos respectueuses
salutations.

Directeur des Ventes
Dominique Royer
P.J.

a) Why is M. Royer cancelling his original order?
b) What is enclosed in the letter?

Drills

Complete the following sentences as in the model letters:

1) Nous / avons le regret de vous signaler qu'une erreur s'est glissée dans notre commande No: A-147B / du / 5 dernier. Au lieu de : / Panalons à pinces marron   *pleat* . il convient de lire : / Pantalons à pinces gris

    a) Je / B-4325 / 8 janvier / Slips en jersey 100% coton / Slips 100% coton peingé.

    b) Notre client / A-34/23-1 / 12 octobre / casques stéréos / mini-casques stéréos.

    c) Nos clients / X-435 / 15 mars / poupées Charlotte / poupées Laurie.

    d) Nous / 4532-1 / 17 février / Lot de 10 cassettes vidéo 2 x 120 mn Réf: 132.12 / Lot de 12 cassettes vidéo 2 x 140 mn Réf: 132.10.

2) Le / 4 janvier / nous / avons commandé / un ensemble de nettoyage pour magnétoscope VHS / qui devrait être livré à / la fin du mois.

    a) 9 juillet / mon adjoint / 50 maxi-draps de bain 80 x 150 cm. roses / cette semaine.

    b) 8 août / je / 10 fauteuils de bureau cuir / la fin de la semaine.

    c) 18 juin / nos clients / 100 chemises "grand-père" 100% coton, col officier / aujourd'hui.

    d) 10 november / nous / 20 jeux d'échecs électroniques de poche / dans quelques jours.

3) Puisque vous n'avez pas ces articles en stock, / nous / vous saurions gré de bien vouloir annuler / notre / commande de / 6 motos HONDA 750 électriques / et de les remplacer par / 6 Yamahas tout terrain.

    a) je / 10 téléviseurs noir et blanc portables / 10 téléviseurs couleur portables.

    b) notre client / 6 grille-tous pains verticaux / 6 grille-tous pains horizontaux.

    c) nos clients / 25 lampes de bureau à bras articulé, noires / 15 noires et 10 rouges.

    d) nous / après-skis tricolores / après-skis marine à lacets.

Grammar Check

Letter 1: ....**une erreur s'est glissée dans notre commande...** Reflexive verbs are so called because they reflect the action back to the subject. They are, therefore, always accompanies by a reflexive pronoun. (**me, te, se, nous, vous, se**) — **se(s')** in the example above. Reflexive pronouns are placed immediately before the verb except in positive commands when they follow the verb and are joined to it by a hyphen. Reflexive verbs are conjugated with **être**. The past participle agrees in number and gender with the reflexive pronoun — see again the example above and the Grammar notes to Unit 3.

Exercise 11.1

Complete the following letter cancelling an order because the supplier doesn't have the goods in stock.

```
Madame,

Puisque .....  .....  .....  .....  .....

.....  stock, .....  .....  .....  gré de

bien .....  .....  .....  .....

No:73891/43A. J'espère .....  .....

.....  .....  .....  .....  .....  date,

vous accepterez cette modification.

Dans l'espoir .....  .....  ....., nous

.....  .....  ....., Madame, .....  .....

.....  .....  salutations.

Jean Foucher
```

Exercise 11.2

Re-write the following to form a letter similar to Letters 1 — 4:

lettre du 9 octobre que vous étiez dans

en stock, nous vous saurions gré de

C'est avec regret que nous avons appris par votre

l'expression de nos salutations distinguées.

lots de 8 paires de mi-chaussettes et de

ci-joint un bon de commande révisé.

No: 875-326 dans les détails stipulés.

Puisque vous n'avez pas ces articles

Dans l'espoir d'une réponse favorable,

Veuillez trouver

nous vous prions d'agréer, Monsieur,

les remplacer par des lots de 10 paires

bien vouloir annuler notre commande des

l'impossibilité d'exécuter notre commande

de mi-bas (Coloris identiques aux mi-chaussettes).

Exercise 11.3

Write a letter (adding references, date etc) from Gérard Bethune of Intertech, 8 rue des Artisans, B.P. 50240, 95956 Roissy Cedex to F. Dallet of Simex Electro, 6, quai des Platanes, 14000 Marseille apologising that:

- there was an error in your last order,
- instead 200 F/6736A transistors,
- the order should have read: 200 F6836B transistors,
- you would be grateful if he would let you know if they can change the order.
- end the letter appropriately.

Introducing a new salesperson – Présentation d'un nouveau représentant

Study the model letters, answer the questions and complete exercises.

Letter 12.1

BURNHILL PLASTICS LTD

Burnley House, Coronation Road, Bicester, Oxfordshire OX6 OXD, Tel: (865) 3455643 Telex: 856 345 G

Michel Dolige
UNICUM TECHNOLOGY
9, avenue des Andes
78375 AMIENS   Bicester, 2 october, 19--

Your ref:
Our ref:

Monsieur,

Nous avons le plaisir de vous annoncer la visite de
notre nouveau représentant, Brian Rothwell, à Amiens
avec un assortiment complet de nos nouveaux
échantillons. Il vous rendra visite dans le courant de
la semaine prochaine.

Je suis sûr que vous trouverez en Mr Rothwell un
interlocuteur* agréable et obligeant, et que vous
apprécierez ses qualités professionnelles.

Dans l'espoir que sa visite sera concrétisée par vos
commandes, auxquelles nous porterons nos meilleurs
soins, nous vous prions d'accepter, Monsieur,
l'assurance de nos sentiments les plus dévoués.

John Philips

John Philips
Directeur Général

a) Who is Brian Rothwell?
b) What is he taking with him to Amiens?

Letter 12.2

Monsieur,

Nous avons appris avec grand plaisir que vous vous
intéressez à notre type d'articles. Nous sommes
heureux de vous informer que notre représentant,
André Dousser, se rendra sous peu[1] dans votre région
avec un assortiment complet de nos derniers produits,
ainsi que de nos gammes courantes.

Nous vous serions reconnaissants de nous faire savoir
au plus vite si cette visite est possible afin que
nous puissions organiser ses rendez-vous en
conséquence.

Dans l'espoir d'une réponse favorable, nous vous
prions d'accepter, Monsieur, l'expression de notre
considération distinguée.

Directeur des Ventes
Claude Lepeltier

[1] before long, in a few days, shortly

a) What prompted M. Lepeltier to write this letter?
b) What is the purpose of the letter?

Letter 12.3

Monsieur,

Notre nouveau représentant dans votre région, Bill
Davey, vous rendra visite dans le courant[1] de la
semaine prochaine.

Il vous avisera lui-même du jour et de l'heure de sa
visite, et nous espérons que vous lui ferez bon
accueil. Dans le cas où vous le favoriseriez d'une
commande vous pourriez compter sur nous pour le soin
habituel avec lequel elle serait exécutée.

Espérant que cet arrangement vous conviendra, veuillez
accepter, Monsieur, l'expression de ma considération
distinguée.

Directrice
Nicole Marcardier

¹ during

a) When is Bill Davey going to make his visit?
b) How will the client know when he is coming?

Letter 12.4

Madame,

Nous sommes très heureux de vous présenter, John
Higgins, notre nouveau représentant régional.

Il vous présentera en notre nom une collection de nos
tous derniers modèles; nous attirons spécialement votre
attention sur nos articles en Nylon, d'une qualité
exceptionelle et vendus à des prix défiant toute
concurrence*.

Nous espérons que vous voudrez bien le favoriser d'une
commande, laquelle, inutile de le dire, sera exécutée
avec le plus grand soin.

Veuillez agréer, Madame, l'assurance de nos sentiments
respectueux.

Martin Goldsmith
Gérant

a) Who is John Higgins?
b) What line is Martin Goldsmith trying to promote?

Drills

Re-write the following sentences using the items listed. Make changes
in tense and agreement where necessary:

1) Notre / nouveau / représentant / dans votre région, / Bill
   Davey, / vous rendra visite / dans le courant de la semaine
   prochaine.

   a) Mon / **commis-voyageur***, / Henri Biquet / sous peu.
   b) Notre / représentante / Marie Rousson / bientôt.
   c) Mes / collègues / Philip Roberts et Oscar Peters / au
      début de la semaine prochaine.

2) Nous / avons le plaisir de vous annoncer la visite de / notre nouveau / représentant, / Brian Rothwell, / à / Amiens / avec / un assortiment complet de nos nouveaux échantillons. / Il / vous rendra visite / dans le courant de la semaine prochaine.

   a) Je / représentante / Madelaine Godart / Paris / des exemplaires de notre nouvelle gamme / dans quelques jours.
   b) Mr Jackson / adjoint / Peter Philips / Chartres / nos brochures / sous peu.
   c) Nous / collègue / Jacques Delambre / Tours / avec son adjoint / au début de la semaine.

3) Nous / sommes heureux de vous informer que notre / représentant, / André Dousser, / se rendra / sous peu / dans votre région avec un   assortiment complet de nos / derniers produits, / ainsi que de nos / gammes courantes.

   a) Je / commis-voyageur, / Charles Sarvan / dans le courant de la semaine / blousons en molleton / joggings bicolores.
   b) Madame Landrieux / adjointe, / Isabelle Peyroux / bientôt / housses multi-usages / classeurs sur **socle*** en carton.
   c) Nous / partenaire, / Michel Celimène / la semaine prochaine / casseroles multi-cuisson / auto-cuiseurs pour micro-ondes.

Grammar Check

Letter 12.1 – **...vos commandes, auxquelles nous donnerons tous nos soins,** and Letter 12.3 – **... le soin avec lequel elle serait exécutée.** Relative pronouns after prepositions e.g. **auxquelles** and **avec lequel.** When referring to things, it is **lequel, laquelle, lesquelles** according to number and gender. Here **auxquelles** agrees with **commandes** and **lequel** agrees with **soin.** Care must be taken to modify these forms to **duquel, de laquelle, desquels, auquel** and **auxquels** etc when the preceeding preposition is **de** or **à**.

Exercise 12.1

Complete the following letter introducing a new representative.


```
Madame,

Nous avons appris ..... ..... ..... que

vous ..... ..... ..... ..... .....

articles.  Nous sommes ..... .....

..... informer que notre représentant,

Mark Blackwell, ..... ..... ..... .....

..... ..... région avec ..... .....

..... ..... ..... ..... produits, ainsi

que ..... ..... ..... ..... Je suis sûr

que ..... ..... Mr Blackwell .....

..... ..... et ....., et que vous

..... ..... ..... professionnelles.

Veullez ....., Madame, ..... .....

..... ..... respectueux.
```

Exercise 12.2

Re-write the following to form a letter similar to Letters 1 — 4

```
 {nous vous prions d'accepter, Monsieur,}

{le courant de la semaine prochaine.  Nous vous}

          {serions, reconnaissants de}
```

nouveau commis-voyageur, François Reboul, se

rend à Auxerre avec un assortiment

cette visite est possible afin que nous

complet de nos nouveaux échantillons

l'expression de notre considération distinguée.

Nous avons le plaisir de vous annoncer que notre

puissions organiser ses rendez-vous en

conséquence. Espérant que cet

nous faire savoir au plus vite si

et qu'il passera chez vous dans

arrangement vous conviendra,

Exercise 12.3

Write a letter (include the date and references) from Gilbert Fousse, the Director of Nelco Distribution, 3, place de la Gare, B.P. 56, 91435 ORSAY to Jacques Verger of Poly S.A., 25 rue d'Arras, Z.I. Georges Sand, 78214 RAMBOUILLET, introducing a new representative for his area, Michel Gaillard. Inform M. Verger that:

- M. Gaillard will come and see him during the course of the following week.
- he will present a collection of the latest models.
- the plastic goods are of an exceptionally high quality and sell at a very competitive price.
- end by saying that you hope M. Verger appreciates the quality of your goods and that you can continue doing business with him.

PART TWO
SUBJECTS FOR FURTHER PRACTICE

Insurance – Assurance

Study the model letters, answer the questions and complete the exercises.

Letter 13.1

Thanking a client for a completed proposal form and enclosing a cover note –
Remerciant un client d'une **proposition*** dûment signée et annexant
une note de couverture.

Messieurs,

Nous vous remercions de votre lettre du 12 juillet à
laquelle était annexée la proposition. Nous devons
vous aviser que nos services préparent actuellement
votre **police d'assurance*** que vous recevrez d'ici¹ la
fin du mois.

Dans l'intervalle², nous avons le plaisir de vous
informer, bien entendu, que votre couverture est déjà
entrée en vigueur.

Nous vous prions de trouver, ci-joint, une note de
couverture.

Mme Florence Laplume
Chef-Souscripteur

¹ between now and...
² In the meantime/interim, Meanwhile

a) Why did Mme Laplume send the Cover Note and not the policy?
b) What phrase tells you that the client is covered?

Letter 13.2

Asking for compensation from a supplier for goods damaged - Solliciter une demande d'indemnité auprès du fournisseur pour des marchandises endommagées.

Messieurs,

Nous avons le regret de vous informer qu'une partie des marchandises expédiées par notre agent à St. Malo sur le navire ''Lincoln'' est arrivée dans de très mauvaises conditions.

Nous vous prions de trouver, ci-joint, le rapport du Service des **Douanes***. Vous remarquerez qu'ils ont estimé le dommage à £500. Le chargement était assuré tous risques par notre bureau de Londres.

Nous vous demandons d'accepter le dommage évalué par votre expert et de bien vouloir régler l'indemnité sous peu¹.

G. Page.

P.J.

---

¹ at an early date

a) What does Mr Page want the supplier to do?
b) What is the **P.J.** in this case?

Letter 13.3

Requesting indemnity from a shipper for damaged goods - Solliciter une demande d'indemnité auprès du transporteur pour des marchandises endommagées.

Messieurs,

Lorsque le **porte-conteneur*** ''Manama'' est arrivé au Havre le 5.10.19--, les agents maritimes ont constaté que plusieurs des cartons relatifs à votre expédition ont été endommagés.

Lors de¹ la notification de la marchandise, nous avons immédiatement donné l'ordre à notre expert d'examiner le chargement. Les articles sont au complet mais certains ont été détériorés tels que:

- 2 tables antiques en **noyer***.
- 12 jeux de chaises style Chippendale.

Nous vous prions de bien vouloir trouver, ci-joint, le rapport d'expertise, en trois exemplaires, ainsi qu'une lettre de l'agent maritime confirmant que le dommage a été **constaté*** immédiatement à l'arrivée du navire au port.

Nous vous prions de bien vouloir **soulever*** le problème avec les assureurs.

Le certificat d'assurance est référencé sous le No: P/96106.

Dans l'intervalle, nous vous serions reconnaissants de bien vouloir effectuer le remplacement des marchandises endommagées ci-dessus mentionnées étant donné que nous avons des clients qui en attendent la livraison.

J. Lemercier

---

¹ On being (from the time of)

a) What are the **P.J.** in this case?
b) What does the client want the shipper to do ?

Exercise 13

Write a letter in French to a supplier complaining that Flight DA 765 arrived in Gatwick airport this morning as expected, but when:

- your agent inspected the cargo he noticed that one of the boxes in container No: 12 had been damaged.
- you contacted your insurance representative in Brighton who agreed to be present when box was opened.
- he found several of the articles were spoilt.
- you are sending his report.
- you would like the supplier to make a claim with the underwriters[1].
- mention that, because of this mishap, you are in a very embarrassing situation as regards you customers.
- ask the supplier to send you replacements by air freight, as soon as possible.
- end appropriately

[1] un souscripteur

Appointing agents – Nomination d'agents

Study the model letters, answer the questions and complete the exercises.

Letter 14.1

Offering an agency – Offre de la direction d'une agence

Monsieur,

Nous avons vendu une quantité considérable de conserves anglaises dans différentes régions de France excepté le Nord Ouest et nous sommes intéressés par le recrutement d'un agent chargé d'explorer le marché et d'augmenter le volume des affaires - les produits concernés sont une grande sélection de confitures et de miel.

Votre candidature à ce poste d'agent nous a été suggérée par Pommet Frères de Dijon et sur leur recommandation nous souhaiterions vous proposer l'exclusivité de l'agence[1] pour la France.

Les marchandises vous serons envoyées d'après[2] vos instructions étant donné que vous connaissez mieux que nous les goûts et les besoins particuliers des **consommateurs*** du Nord Ouest. Vous trouverez, ci-joint, notre liste de prix qui vous donnera une idée des variétés que nous produisons.

Comme nous avons **conscience*** des difficultés à introduire un nouveau produit auprès d'acheteurs locaux, nous sommes prêts à **verser*** une commission de 15% sur les ventes.

Nous sommes certains que cette collaboration sera mutuellement profitable et nous espérons que vous accepterez notre offre. Veuillez nous faire connaître rapidement votre réponse de façon à[3] ce que nous puissions préparer nos offres **préalables*** à temps.

Veuillez agréer, Monsieur, l'expression de nos salutations distinguées.

Jason Whitney

¹ the sole agency
² according to
³ so that (+ subjunctive)

a) How do you think this company sold its products before they decided to appoint an agent?
b) How does Mr Whitney try to make his offer attractive?

Letter 14.2

Accepting the offer of an agency — Accepter de créer une agence

Messieurs,

Nous vous remercions de votre lettre du 7 février nous proposant la création d'une agence pour vos viandes en conserves. Nous sommes heureux d'accepter cette offre.

Nous devons préciser, cependant, qu'une agence exclusive serait la solution la plus efficace étant donné que le **créneau*** de vos viandes en conserves est quelque peu limité à cause de la concurrence locale; d'autre part¹ la préférence locale pour les aliments frais rend difficile l'extension rapide du marché pour vos viandes en conserves.

Dans ces conditions, nous pensons que la concurrence d'un autre agent rendrait nos efforts inefficaces.

Si vous nous offrez l'exclusivité de l'agence pour la France, nous sommes certains que notre grande expérience du marketing et nos **débouchés*** nous permettraient d'introduire avec succès vos produits dans le pays.

Veuillez agréer, Monsieur, l'expression de mes salutations distinguées.

Marcel Dupont

¹ besides, anyway, in addition

a) What reason does the writer give for wanting a sole agency?
b) What is one of the problems encountered when trying to sell English foodstuffs in France ?

Exercise 14

Write a letter in French to a company in France which includes the following points:

- you were very much impressed by the quality of their agricultural products which you recently saw in action in France.
- you are interested to know if they have considered appointing an agent in the U.K.
- point out that you are a leading firm of importers and distributors of many years' standing.
- you have an extensive sales organisation and a very wide knowledge of the U.K. market.
- you feel that their products would sell very well.
- you are prepared to enter into a business relationship with them.
- end the letter appropriately.

Overseas payments –
Paiements de l'étranger

Study the model letters, answer the questions and complete the exercises.

Letter 15.1

Reply to a large order requesting to pay by credit – Réponse à une large commande qui devra être payée à crédit

---

Messieurs,

Nous vous remercions de votre demande de renseignements concernant notre gamme d'équipements de **lutte*** contre l'incendie.

Nous fournissons ce type d'équipement dans le monde entier à des sociétés telles que la vôtre, et serons heureux de vous faire parvenir une large commande contre une lettre de crédit **émise*** par une banque internationale de bonne réputation.

Nous restons dans l'attente de recevoir votre lettre de crédit en temps utile[1], pour nous permettre de donner suite à votre commande en bonne et due forme[2].

Entre-temps, nous vous prions d'agréer, Messieurs, nos salutations distinguées.

Philippe Lemaire
Directeur général

---

[1] in due course
[2] in the usual way

a) How does M. Lemaire want the client to pay for his order?
b) When will they process the order?

Letter 15.2

Confirming an order against a letter of credit – Confirmation d'une commande contre lettre de crédit.

Messieurs,

Concerne : votre commande NO JK/9630

Nous accusons réception de la commande sus-mentionée, dont nous vous remercions, et nous avons l'honneur de vous informer que nous sommes sur le point de vous expédier les tableaux d'**affichage*** magnétiques blancs, objet de votre commande.

Notre agent nous a fait savoir que vous effectuerez le paiement par lettre de crédit en notre faveur, à échéance du¹ 30 juin 19--.Ces termes sont acceptables.

Nous ne manquerons pas d'expédier la marchandise, conformément à vos instructions, dès que nous aurons² reçu de notre banque confirmation du crédit.

Veuillez agréer, Messieurs, l'assurance de nos sentiments les plus dévoués.

John Wheeler
Directeur des Ventes

---

¹ valid until.
² Note the future perfect after **dès que**.

a) How does Mr Wheeler know that a letter of credit will be arranged?
b) When will the goods be shipped?

Letter 15.3

Advising that a letter of credit has been opened – Pour informer qu'une lettre de crédit a été ouverte.

Messieurs,

Suite à votre courrier du 19 mars dernier, nous avons l'honneur de vous informer que nous avons donné ordre à la Banque Nationale de Paris, à Lyon, d'ouvrir un crédit d'un montant de 5000 FF en votre faveur, à échéance du 30 juin 19--.

Ce crédit sera confirmé par la Barclay's Bank à Guernesey, et émis dès que cette banque aura reçu votre **traite***.

Veuillez vous assurer que tous les documents requis sont bien joints à la traite, à savoir[1] :

Un connaissement en double
Une facture de **dédouanement***,
Une assurance couvrant la somme de 7500 FF
4 factures commerciales séparées

Nous vous prions d'agréer, Messieurs, l'expression de nos sentiments distingués.

Peter Horton
Chef Comptable

---

[1] namely.

a) To which bank will the customer be sending his payment?
b) What will he send with the documents?

Exercise 15

Write a letter to a French company informing them that:

- you acknowledge reception of their order sent on 15th January.
- your representative, Mr Blunt, has informed you that the goods are ready for shipment.
- you note that they will pay by means of a irrevocable letter of credit valid until the 1st March.
- when you have been informed that the credit has been opened, the goods will be packed and send according to their instructions.
- end the letter appropriately.

Job applications –
Demandes d'emploi

Study the model letters, answer the questions and complete the exercises.

Letter 16.1

Applying for a post (1) – Candidature à un poste (1)

Messieurs,

En réponse à votre annonce parue dans ''The Times'' le
lundi 5 octobre 19--, je me permets de poser ma
candidature au poste de secrétaire bilingue chez AGCOM
Ltd.

Vous trouverez ci-joint mon curriculum vitae, dans
lequel j'ai détaillé mon expérience professionnelle et
mes qualifications, que je peux résumer de la façon
suivante :

Après avoir obtenu, à la fin de mes études, une **licence
de lettres***, j'ai suivi et terminé avec succès des
cours de français et d'allemand.

J'ai été, durant ces 6 dernières années, secrétaire de
direction au service Ventes à l'Etranger de Selby Ltd.,
étant, en particulier, responsable de toute la
correspondance avec l'étranger. Dans cet emploi, j'ai
implanté avec succès un tout nouveau système de
classement*, et ai procédé à une modernisation complète
de la **marche*** du bureau.

Travaillant à ce niveau depuis plusieurs années, je
souhaite maintenant me voir confier de plus grandes
responsabilités dans ce secteur, et aimerais relever le
défi d'un nouveau poste. Aussi, je vous serais
reconnaissante de bien vouloir m'accorder un entretien
pour que je puisse vous rencontrer ainsi que vos
collègues, et pour savoir si je suis bien la personne
qui convient à ce poste.

Dans l'attente d'une réponse favorable de votre part,
je vous prie de croire, Messieurs, en l'assurance de
mes sentiments les plus respectueux.

Kathleen O'Houlihan.

a) Why is Ms O'Houlihan sending her C.V. to this company?
b) What innovations has she made in her present job?

Letter 16.2

Applying for a post (2) – Canditature à un poste (2)

A l'attention de M. Trulle

Monsieur,

Ayant été, ces quatre dernières années, le seul
secrétaire dans une petite entreprise en plein essor[1],
j'ai appris, par votre annonce insérée dans le
''Guardian'' du mardi 12 janvier 19--, que vous
recherchiez un secrétaire général[2], et j'ai l'honneur
de solliciter cet emploi.

En tant que secrétaire privé du propriétaire de James
Young plc à Southampton, j'étais non seulement
responsable de l'administration **quotidienne*** du
bureau, mais aussi de toute la correspondance avec
l'étranger, principalement en français du fait que[3]
nous exportons vers de nombreux pays franco-
africains. J'étais également responsable du travail
plus personnel qui consistait à convenir de rendez-
vous privés, **filtrer*** les appels téléphoniques,
contrôler la bonne foi des visiteurs[4], et organiser
les dossiers et la correspondance de M. Young.

Fort de cette expérience, je possède une connaissance
approfondie des fonctions de secrétaire général, et
je suis certain de pouvoir répondre à toutes vos
exigences[5] .

Je vous prie de trouver ci-joint mon curriculum
vitae, et je vous saurais gré de bien vouloir
m'accorder la chance de discuter personnellement de
mes qualifications avec vous. Je serais heureux de
vous rencontrer, à votre convenance, pour un
entretien. Il est possible de me contacter à tout
moment en laissant un message sur mon répondeur
automatique, au 01-671986.

Dans l'espoir de vous recontrer prochainement, je
vous prie d'agréer, Monsieur, l'assurance de ma
considération distinguée.

Jeremy Hinchcliffe

[1] thriving

² executive secretary
³ as
⁴ dealing with, looking after visitors
⁵ to come up to your expectations

a) What was Mr Hinchcliffe's previous position?
b) What does he ask Mr Trulle to do?

Letter 16.3

Applying for a post (3) – Candidature à un poste (3)

Poste d'assistant à l'Office du Tourisme

Messieurs,

Je viens de lire votre annonce dans ''Le Monde''
d'aujourd'hui, et ai l'honneur de solliciter l'emploi
au poste mentionné ci-dessus.

Veuillez trouver ci-dessous un bref récapitulatif de
mes qualifications et de mon expérience professionnelle :

- Je suis diplômée de l'Université de Kent, avec une
licence de lettres en langues vivantes (français et
espagnol). J'ai également obtenu un Diplôme Supérieur
en français commercial de l'Alliance Française de Londres.

- Après obtention de mes diplômes, en 1987, j'ai
travaillé dans une agence publicitaire en tant que
correctrice d'épreuves* pour leur magazine **mensuel***
traitant du commerce de gros en France. Durant cette
période, j'ai assisté à un cours du soir de **gestion de
contrôle*** et de **traitement de données***.

Je suis certaine que, s'il m'en était donné la
possibilité, je serais à même¹ de remplir les fonctions
que requiert le poste d'assistante à l'Office du
Tourisme. Je parle français **couramment***, et connais
bien certaines régions de la France ayant fait un an
d'études à Grenoble, à partir d'où j'ai effectué de
nombreuses excursions.

Dans l'espoir que vous voudrez bien considérer
favorablement ma demande, je vous prie d'agréer,
Messieurs, l'expression de mes salutations les plus
distinguées.

Rita Faulkner

¹ in a position to

a) What did Ms Faulkner do after she graduated?
b) How did she acquire her command of French?

Exercise 16

Write a letter in French to a company advertising in *The Guardian* for a shorthand typist,

- mention where you saw the advertisement and ask them to consider you for the post.
- tell them how long you have been employed as an audio-typist[1], giving details of you typing and shorthand speeds.
- say that you have recently updated your qualifications by taking a course in computer studies.[2] Mention your competence in Wordstar 5.5 and D.Base 3.
- tell them how old you are and that you have a clean[3] driving licence.
- enclose your C.V. and copies of references.
- end by saying that you hope they will favour you with an interview.

[1] audio-dactylo
[2] informatique
[3] sans réserve

Replies to job applications – Réponses à une demande d'emploi

Study the model letters, answer the questions and complete the exercises.

Letter 17.1

Calling an applicant for an interview – Demander à un candidat de se présenter pour un entretien

```
A l'attention de Mlle Bouilliez

Mademoiselle,

Je vous remercie de votre lettre de candidature au
poste de secrétaire.  Je vous serais reconnaissant de
bien vouloir vous présenter pour un entretien mercredi
prochain, le 13 mars, à 14h30 en nos bureaux.  Si ce
jour ne vous convenait pas, je vous saurais gré de
contacter ma secrétaire, et j'essayerai alors de
décider d'un rendez-vous à notre convenance
réciproque¹.

Dans l'attente de vous rencontrer, je vous prie
d'agréer, Mademoiselle, mes salutations distinguées.

Pierre Daurces
Directeur du personnel
```

¹ at our mutual convenience

a) When does M. Daurces want Mlle Bouilliez to come for an interview?
b) What does he want her to do if she cannot come for an interview on Wednesday, 13th March?

Letter 17.2

Confirmation of employment – Confirmation d'emploi

A l'attention de M. Jackson

Monsieur,

Suite à votre courrier du lundi 12 janvier, j'ai le plaisir de confirmer notre offre pour le poste d'analyste de systèmes dans cette société.

Vous trouverez ci-joint trois copies de notre contrat de travail. Veuillez signer deux d'entres elles, et nous les retourner à ce bureau. Vous trouverez également des renseignements sur notre **fonds de retraite***, la cantine du personnel, le club de sports et loisirs, ainsi que sur d'autres installations utilitaires[1] et avantages de fonction[2].

Je me tiens à votre entière disposition pour répondre à toutes les questions que vous pourriez avoir concernant les conditions d'emploi.

Je reste dans l'attente de vous accueillir le 1er mai prochain, et espère que ceci marquera le début d'une longue et heureuse association.

Veuillez agréer, Monsieur, l'expression de mes meilleures salutations.

Rosalyne Gavin
Directrice

[1] facilities
[2] fringe benefits

a) What does Mme Gavin want Mr Jackson to do?
b) When does he start work?

Letter 17.3

Turning down an applicant after an interview – Rejet de candidature après entretien.

A l'attention de M. Ficheux

Monsieur,

Je vous remercie d'avoir bien voulu vous présenter en nos bureaux pour un entretien concernant le poste disponible.

Cependant, après longue réflexion, et en tenant compte de notre conversation de la semaine dernière, j'en suis venu à conclure qu'il nous était impossible, à l'heure actuelle, de vous offrir un poste dans notre société.

Comme mentionné lors de notre entretien, je ne manquerai pas de garder votre candidature dans mes dossiers pour future référence. En effet, nous recherchons fréquemment du personnel supplémentaire ou de remplacement.

Je suis heureux que vous soyez[1] venu présenter vos compétences avec autant de professionnalisme, et espère que vous ne serez pas trop déçu par cette décision.

Veuillez agréer, Monsieur, l'expression de mes sentiments les plus sincères.

Donald Hobson
Recrutement

[1] present subjunctive after **Je suis heureux que...**

a) How long did Mr Hobson take to come to a decision about M. Ficheux?
b) How does he try to lessen M. Ficheux's disappointment?

Exercise 17

Write a letter in French to a candidate for the post of bilingual secretary:

- thank her for applying for the post.
- say that you would like her to come for an interview.
- mention the date and the time.
- ask her to let you know if that day or time is not suitable. You will then try to arrange the interview at a day and time more convenient to her.
- end by saying that you look forward to meeting her in person.

Personal references –
Références personnelles

Study the model letters, answer the questions and complete the exercises.

Letter 18.1

Asking for permission to give a person's name as a referee – Demande de permission de donner le nom d'une personne comme référence.

A l'attention de Mr Aubert

Monsieur,

Je souhaite solliciter l'emploi de représentant commercial chez J. Lyons et Cie à Paris, et vous serais reconnaissant de bien vouloir me permettre d'inclure votre nom dans ma liste de références.

Connaissant mon travail chez Lafond Emballage à Dieppe, vous pourrez ainsi donner à J. Lyons une évaluation juste de mes capacités.

Je joins à la présente une enveloppe affranchie¹ à mon adresse pour votre réponse.

Je vous prie d'agréer, Monsieur, l'expression de mes sentiments les plus distingués.

Jean Bechet

---

¹ stamped

a) What post is M. Bechet applying for?
b) Why does he think that M. Aubert can give him a good reference?

Letter 18.2

Asking a referee to send a reference directly to a potential employer –
Demande à une personne d'envoyer une référence directement à un
éventuel employeur.

A l'attention de M. Jullien

Monsieur,

Je viens d'envoyer ma candidature au poste de
secrétaire bilingue chez Trans World Travel à
Bruxelles.

Etant donné que vous m'avez encouragée à poursuivre
mes études de français, et que vous m'avez aidée à
préparer mon examen final à l'Alliance Française, je
vous serais particulièrement reconnaissante
d'accepter d'écrire une lettre de recommandation en
ma faveur.

Veuillez trouver, ci-joint une enveloppe affranchie à
l'attention de M. Isnard, directeur du personnel de
Trans World.

En vous remerciant par avance de votre aimable
assistance, je vous prie d'agréer, Monsieur, mes
salutations les plus distinguées.

Emily Goodman

a) Why has Emily Goodman particularly chosen M. Jullien for a
   referee?
b) What does she want him to do with the recommendation?

Letter 18.3

A letter of recommendation – Lettre de recommandation

```
A l'attention de Mme Pigault

Madame,

C'est avec grand plaisir que je vous fait parvenir les
renseignements demandés au sujet de Mary Stevens.  Il
est entendu, cependant, que ces renseignements
resteront strictement confidentiels.

Mademoiselle Stevens a travaillé pour nous tout d'abord
en tant que secrétaire dactylo, avant de devenir la
secrétaire du directeur des Ventes à l'Etranger en
1987.  Elle a toujours été compétente, sérieuse et
digne de confiance.

Je suis certain qu'elle sera une employée idéale si
vous choisissez de lui offrir le poste qu'elle
sollicite.

Je vous prie d'agréer, Madame, mes salutations
distinguées.

Michel Sourgens
Directeur général
```

a) On what condition does M. Sourgens agree to provide information about Mary Stevens?
b) What did she eventually become when she worked for M. Sourgens?

Exercise 18

Write a letter to a French company who have asked you for a reference concerning Miss Jackson. She has applied to them for the post of assistant to the Export Manager. Mention that:

- she entered your service 5 years ago as a trainee secretary[1].
- she continually tried to improve herself professionally by taking evening courses in secretarial practice[2], French and electronic communications.
- a year ago, she became private secretary[3] to the Sales Manager.
- part of her work now is to deal with all overseas correspondance.
- you are persuaded that she would be the most suitable person[4] for the post.
- end the letter appropriately.

[1] secrétaire-stagiaire
[2] pratique de secrétariat
[3] secrétaire particulière
[4] la personne convenant le mieux

Sales letters –
Lettres de vente

Study the model letters, answer the questions and complete the exercises.

Letter 19.1

Covering letter with literature and samples – Lettre explicative avec des brochures et des échantillons

Monsieur,

Nous avons le plaisir de vous remettre ci-joint nos dernières brochures ainsi que des échantillons de notre nouvelle gamme.

Nous avons également inclus un **présentoir*** pour votre vitrine ou comptoir que vous voudriez bien essayer de présenter dans vos locaux de Reims.

Vous trouverez des informations supplémentaires sur les tarifs, réductions, éléments d'animation[1] et de marketing pour votre personnel de vente.

En attendant la faveur de vos prochaines commandes, nous vous prions d'agréer, Monsieur, nos salutations distinguées.

James Martin
Directeur du Service Publicité

P.J.:

---

[1] incentives

a) What does **P.J.** refer to in this case?
b) What other means does James Martin use to promote sales?

Letter 19.2

Covering letter for an illustrated brochure presenting new products – Lettre annexant une brochure illustrée présentant de nouveaux produits

Monsieur,

Suite à notre conversation téléphonique de la semaine dernière, nous vous faisons parvenir notre brochure illustrée présentant la gamme de fours à micro-ondes avec 10 **allures*** de cuisson, touches par effleurement[1] et fond auto-nettoyant avec un adaptateur spécial pour dorer ou gratiner les plats.

Pour 19 --, nous avons introduit des couleurs supplémentaires dans la nouvelle gamme en vogue ''Speedy''. Les couleurs disponibles sont les suivantes:-

- blanc
- bleu clair
- gris métalisé
- rouge

Les fours présentés font partie de ce que nos clients considèrent être la gamme la plus importante de fours à micro-ondes disponibles dans un catalogue. Tous proviennent* d'industriels de première classe dont les contrôles de qualité sont renommés dans tout le pays.

Vous assurant de nos meilleurs soins et toujours dévoués à vos ordres, nous vous présentons, Monsieur, l'expression de nos sentiments dévoués.

G. Lemercier
Vice Président

P.J.:

[1] touch sensitive

a) What are the special characteristics of these micro-wave ovens?
b) How does M. Lemercier try to convince his customer that his products are the best?

Letter 19.3

Announcing the acquisition of a new company – Annonçant le rachat d'une compagnie

Messieurs,

Nous avons le plaisir de vous informer que nous avons racheté la compagnie Chunnel Travel à Douvres.

Il n'y aura aucun changement du nom ou de la politique commerciale de cette compagnie qui a réalisé avec succès de très grandes performances dans le passé. Nous ferons tous les efforts possibles pour maintenir la tradition de qualité des services pour laquelle le précédent propriétaire était très apprécié.

En tant que propriétaire de Dover Travel, nous sommes très familiers des affaires dans le domaine des voyages et nous possèdons les ressources adéquates pour mener efficacement les affaires de notre compagnie nouvellement acquise.

Nous espérons que vous nous offrirez la possibilité de prouver que Chunnel Travel est capable de fournir les mêmes services de pointe[1] que pour le passé.

Veuillez agréer, Messieurs, l'expression de nos salutations distinguées.

John Carrington

Directeur

[1] top, advanced

a) What was the previous owner well known for?
b) What is the writer's present position?

Exercise 19

Write a letter in French from an agent informing a company that they
are about to open an agency for high pressure cleaning pumps[1]. Tell
them that :-

- your connection with the leading manufacturers allows you
  to offer goods at competitive prices[2].
- in addition, your Paris office is organised to locate and
  supply[3] goods that are not available on the French market.
- they should not hesitate to place a trial order[4] by sending the
  counterfoil[5].
- you give a reduction of 15% on all orders received before the
  end of the year.
- end appropriately.

[1] les pompes de nettoyage haute pression
[2] les prix très intéressants
[3] localiser et fournir
[4] à titre d'essai
[5] le bulletin

Hotel reservations –
Réservations d'hôtel

Study the model letters, answer the questions and complete the exercises.

Letter 20.1

Making reservations (1) – Faire une réservation (1)

Messieurs,

Veuillez avoir l'obligeance de réserver une chambre
simple¹ pour notre directeur des ventes, les 7, 8 et 9
mars prochain. Il devrait arriver aux environs de
17h00 le 7 mars, et repartir le 9 en cours de matinée.

Nous vous saurions gré de bien vouloir lui réserver une
chambre située côté cour.²

Nous vous prions d'agréer, Monsieur, nos salutations
distinguées.

Phyllis Philips
Secrétaire

---

¹ a single room
² overlooking the courtyard, at the back

a) How long will the Sales Manager be staying at the hotel?
b) Where, in the hotel, would he like his room?

Letter 20.2

Making reservations (2) – Faire une réservation (2)

Messieurs,

Notre directeur des ventes à l'étranger, qui doit se
rendre à Paris en juillet prochain, pour la Foire
commerciale des Tissus d'Ameublement, devra être logé
dans un petit appartement, avec accès à une salle de
conférences. Une chambre simple, situé au même
étage, devra également être **prévue*** pour sa
secrétaire.

Je vous serais reconnaissante de m'indiquer par
retour s'il vous est possible d'effectuer une telle
réservation du 12 au 16 juillet inclus. Veuillez
également me communiquer vos prix.

Dans cette attente, je vous prie d'agréer, Messieurs,
mes meilleures salutations.

Mary Stewart

p/o¹ M. Jackson
Directeur des Ventes

¹ **pour ordre** ("per pro")

a) What kind of accommodation does the Sales Manager require?
b) What information has Ms Stewart requested?

Letter 20.3

Confirming a reservation – Confirmation d'une réservation

```
À l'attention de M. Brooks

Monsieur,

J'ai l'honneur de confirmer votre réservation pour une
chambre simple avec salle de bain, du 12 au 15 juillet.
La chambre sera disponible le 12 à partir de 12.30.

Si vous devez arriver par avion, vous voudrez peut-être
profiter* de notre service de navette¹ à partir de
l'aéroport.  Notre minibus quitte l'Aérogare² 3 toutes
les demi-heures, et le service est gratuit pour toutes
les personnes résidant à l'hôtel.

Veuillez agréer, Monsieur, nos sentiments les plus
dévoués.

Jill Evans
Directrice
```

¹ shuttle service
² terminal

a) What kind of accommodation has been reserved?
b) How can Mr Brooks get from the airport?

Exercise 20

Write a letter to the manager of a hotel in Grenoble to say that you will be coming to the city from 1st March to 6th April. Inform him that you would:

- like to book 2 single rooms and 2 double rooms with shower for six nights.
- like breakfast in your rooms but will take dinner in the main dining room in the evenings.
- appreciate it if you could have the same room at the back of the hotel as you had last year as[1] the rooms overlooking the street are rather noisy[2].
- say also that your group will arrive in Grenoble at about[3] 11 a.m.
- but as you have meetings until the early evening[4], you will probaby check in[5] just in time for dinner at about 7 p.m.
- end by saying that you look forward to an early confirmation so that you can complete arrangements for the visit.

[1] étant donné que
[2] assez bruyantes
[3] aux alentours de, aux environs de
[4] en début de soirée
[5] procèder à l'enregistrement

PART THREE
RECALL EXERCISES

Recall exercises

Use these exercises for revision. Fill in the gaps – one word in each case – and refer back to Units 1–20 for the answers.

Letter 1.2
Votre .... présentant le .... X3/27 de vos antivols de direction présenté à la page 43 a retenu toute notre .... Vous serait-il .... de nous faire savoir si vous êtes en .... de nous .... directement? Veuillez ...., Cher Monsieur, l'assurance de nos .... distingués.

Letter 2.2
En .... à votre lettre du 25 janvier, 19-- nous avons le .... de vous .... notre .... catalogue. Nous nous .... à votre .... pour vous .... toute information .... En vous .... de votre intérêt, veuillez ...., Cher Monsieur, en nos sentiments les meilleurs.

Letter 2.4
Nous avons bien .... votre lettre du 10 août par .... vous vous renseignez sur notre .... de bouteilles, bidons, boîtes et bocaux à large ouverture pour l' .... de produits ...., de médicaments, et de .... de toilette ou droguerie. Veuillez trouver ci-joint notre .... catalogue .... que notre tarif en .... Nous espérons que vous nous passerez .... des articles en .... et dans l' .... d'une .... nous vous prions de croire, Monsieur, à l' .... de notre .... distinguée.

Letter 3.4
.... à notre .... téléphonique du 10 mai ...., nous vous passons commande de: 15 .... de non-retour; 10 Robinets .... à commande automatique - DN 10-250, 6000-4500. Veuillez envoyer la .... par service cargo .... En espérant que vous .... cette commande avec votre .... habituelle, je vous prie d'agréer, Cher Monsieur, l'expression de mes .... les ....

Letter 4.3
J'ai le plaisir d' .... réception de votre commande du 15 .... relative aux: - .... d'aluminium; complexes polythène; .... carton. Nous avons tous les .... en stock, et le tout devrait être .... à l'envoi la semaine prochaine. .... à votre ...., je vous prie d'agréer, Monsieur, l'expression de mes .... distingués.

Letter 5.2
Nous avons bien .... votre commande .... 5 janvier. Les .... vous seront expédiés, ... vos instructions, à votre .... à Dieppe le plus .... possible. Tous les .... portent clairement la marque .... internationale: .... - haut - bas. Nous vous .... pour votre commande et vous ...., Monsieur, de nos .... dévoués.

Letter 5.4
.... vous nous l'avez demandé par votre lettre du 8 mars, nous vous adressons 20 .... de 50 kg de pâté de foie gras par .... du port de Boulogne .... Douvres. Nous espérons qu'elles vous parviendront .... et en bon .... Dans l'espoir que vous

apprécierez la .... de nos produits et que nous aurons l'occasion de .... à nouveau avec vous, nous vous prions de croire, Mesdames, en nos .... les ....

Letter 6.2

Nous vous remercions de votre .... du 26 juin, qui nous est parvenu ce matin en bon .... et en temps .... La facture et l'expédition sont en parfait .... Nous espérons être en .... de vous passer une commande .... Nous .... prions d'agréer, Monsieur, l'expression de nos .... les ....

Letter 7.1

Nous venons de prendre .... des articles figurant sur notre commande No:143/2A. Nous avons le .... de vous .... que les .... de toilette (avec ...., bandeau .... et tablette, couleur: pin maritime ....) ne présentaient pas la qualité .... Pourriez-vous prendre les .... nécessaires le plus vite possible pour le .... des articles et leur .... Dans l'attente de votre .... réponse, je vous prie de croire, Messieurs, à mes .... sentiments.

Letter 8.3

Nous avons .... que nous vous avons .... 400 FF en trop et vous trouverez ci-joint un .... pour la somme .... Nous changeons .... notre système de .... par ordinateur, ce qui a amené quelques .... dans la .... A .... que cet .... est régularisé, nous espérons être en mesure de continuer comme d'.......... Avec .... nos ...., nous vous prions d'agréer, Messieurs, nos .... distinguées.

Letter 9.3

Nous accusons .... de votre lettre de 12 séptembre dernier, dans .... vous attirez notre attention sur le .... que nous avons dépassé le .... de vos dernières factures. Comme nous avons .... quelques difficultés ...., nous vous adressons un .... de la .... de votre facture et nous paierons le .... dans les trois .... mois. En vous sachant .... par avance de votre ...., nous vous prions d'accepter, Madame, l'.......... de nos .... dévoués.

Letter 10.1

Nous venons de .... une .... importante de la Maison .... vous trouverez le nom sur la .... ci-jointe. Pourriez-vous nous fournir .... information sur la .... de cette maison? Nous aimerions savoir en .... si cette .... jouit d'une situation financière .... et si nous pouvons leur faire .... de nos marchandises avec l'accord d'un crédit .... à 50 000 FF. Vous pouvez être assuré que ces .... resteront strictement .... Nous vous .... d'agréer, Monsieur le Directeur, l'expression de nos .... distingués.

Letter 11.4

.... vous n'avez pas ces .... en stock, nous vous saurions .... de .... vouloir annuler notre .... de .... de 8 paires de .... et de les remplacer par des lots de 10 .... de mi-bas (.......... identiques aux mi-chaussettes). Veuillez trouver .... un .... de .... révisé. Nous .... serions obligés de nous confirmer le plus .... possible votre .... à cette .... de commande. .... l'espoir d'une réponse ...., nous vous prions d'agréer, Madame, l'expression de nos .... salutations.

Letter 12.4

Nous sommes très .... de vous ...., John Higgins, notre nouveau représentant .... Il vous présentera .... notre nom une .... de nos tous .... modèles; nous attirons .... votre attention sur nos .... en Nylon, d'une qualité .... et vendus à des prix .... toute .... Nous espérons que vous voudrez .... le favoriser d'une ...., laquelle, ... de le dire, sera exécutée avec le plus grand .... Veuillez agréer, Madame, l'.......... de nos sentiments ....

Letter 13.1

Messieurs, Nous .... remercions de votre lettre du 12 juillet à .... était annexée la .... Nous devons vous aviser .... nos services préparent .... votre .... d'assurance que vous recevrez d'ici la fin du mois. Dans l'.........., nous avons le plaisir de .... informer, bien entendu, ... votre couverture est déjà entrée en .... Nous vous prions de trouver, ..., une note de .... Mme Florence Laplume, Chef-...........

Letter 13.2

Messieurs, Nous avons le .... de vous informer qu'une .... des marchandises expédiées par notre agent à St. Malo sur le .... ''Lincoln'' est arrivée dans de très .... conditions. Nous vous prions de trouver, ci-joint, le .... du Service des .... Vous remarquerez qu'ils ont estimé le .... à £500. Le .... était assuré tous .... par notre bureau de Londres. Nous vous demandons d'accepter le .... évalué par votre .... et de bien vouloir régler l'.......... sous ....

Letter 13.3

Messieurs, Lorsque le .... ''Manama'' est arrivé au Havre le 5.10.19-- les agents .... ont constaté que .... des cartons relatifs à votre .... ont été endommagés. Lors de la notification de la ...., nous avons immédiatement donné l'ordre à notre expert d'examiner le .... Les articles sont au .... mais certains ont été détériorés tels que:- 2 tables antiques en ...., 12 .... de chaises style Chippendale. Nous vous prions de bien vouloir trouver, ci-joint, le rapport d'.........., en trois ...., ainsi qu'une lettre de l'agent .... confirmant que le .... a été constaté immédiatement à l'arrivée du .... au port. Nous vous prions de .... vouloir soulever le .... avec les .... Le certificat d'assurance est référencé sous le No: P/96106. Dans l'.........., nous vous serions .... de bien vouloir effectuer le .... des marchandises endommagées ci-dessus mentionnées étant donné que nous avons des .... qui en attendent la ....

Letter 14.1

Monsieur, Nous avons vendu une .... considérable de .... anglaises dans .... régions de France excepté le Nord Ouest et nous sommes intéressés par le .... d'un agent chargé d'explorer le marché et d'augmenter le .... des affaires - les .... concernés sont une grande .... de confitures et de miel. Votre .... à ce poste d'agent, nous a été suggérée par Pommet Frères de Dijon et sur .... recommandation, nous souhaiterions vous proposer l'............. de l'agence pour la France. Les .... vous serons envoyées d'après vos .... étant donné que vous connaissez mieux que nous les .... et les besoins particuliers des .... du Nord Ouest et que nous réalisons que ceux-ci doivent varier d'une .... à l'.......... Vous trouverez, ci-joint, notre .... de .... qui vous donnera une idée des .... que nous produisons. Comme nous avons .... des difficultés à introduire un nouveau produit auprès d'acheteurs ...., nous sommes .... à verser une commission de 15% sur les .... Nous sommes .... que cette collaboration sera mutuellement .... et nous espérons que vous accepterez notre offre. Veuillez .... faire connaître .... votre réponse de .... à ce que nous puissions préparer nos offres .... à temps. Veuillez agréer, Monsieur, l'expression de nos .... distinguées.

Letter 15.1

Messieurs, Nous vous remercions de votre .... de .... concernant notre gamme d'équipements de .... contre l'........... Nous fournissons .... type d'équipement dans le monde .... à des sociétés .... que la vôtre, et serons heureux de vous faire parvenir une large commande .... une .... de .... émise par une banque .... de bonne réputation. Nous restons dans l'.......... de recevoir votre lettre de crédit en temps ...., pour nous permettre de donner .... à votre commande en .... et .... forme. Entre-.........., nous vous prions d'agréer, Messieurs, nos .... distinguées.

Letter 15.2
Messieurs, ,.......... : votre commande No. JK/9630. Nous accusons .... de la commande ....-mentionée, ... nous vous remercions, et nous avons l'.......... de vous informer que nous sommes sur le .... de vous expédier les tableaux d'.......... magnétiques blancs, ... de votre commande. Notre .... nous a fait savoir que vous effectuerez le .... par lettre de crédit en notre ...., à .... du 30 juin 19--. Ces termes sont .... Nous ne manquerons pas d'expédier la marchandise, ... à vos instructions, ... que nous aurons reçu de notre banque .... du crédit. Veuillez agréer, Messieurs, l'.......... de nos sentiments les .... dévoués.

Letter 16.1
Messieurs, En .... à votre .... parue dans "The Times" le lundi 5 octobre 19--, je me permets de poser ma .... au poste de secrétaire .... chez AGCOM Ltd. Vous trouverez ....-.......... mon curriculum vitae, dans .... j'ai détaillé mon expérience .... et mes qualifications, que je peux résumer de la .... suivante : Après avoir obtenu, à .... fin de mes études, une .... lettres, j'ai suivi et terminé avec .... des cours de français et d'.......... J'ai été, durant ces 6 .... années, secrétaire de .... au service .... à l'Etranger de Selby Ltd., étant, en particulier, responsable de toute la .... avec l'étranger. Dans cet ...., j'ai implanté avec .... un tout nouveau système de ...., et ai procédé à une modernisation .... de la .... du bureau. Travaillant à ce .... depuis plusieurs années, je souhaite maintenant me voir confier de plus .... responsabilités dans ce ...., et aimerais relever le .... d'un .... poste. Aussi, je vous serais .... de bien vouloir m'accorder un .... pour que je puisse vous rencontrer .... que vos collègues, et pour savoir .... je suis bien la .... qui convient à ce poste. Dans l'attente d'une .... favorable de votre ...., je vous prie de croire, ..., en l'assurance de mes .... les plus ....

Letter 16.2
Messieurs, Ayant été, ces quatre .... années, le seul secrétaire dans une petite .... en plein ...., j'ai appris, par votre .... insérée dans le "Guardian" du mardi 12 janvier 19--, que vous recherchiez un secrétaire ...., et j'ai l'honneur de solliciter cet .... En .... que secrétaire privé du propriétaire de James Young plc à Southampton, j'étais non seulement responsable de l'administration .... du bureau, mais aussi de .... la correspondance avec l'.........., principalement en français du .... que nous exportons vers de .... pays franco-africains. J'étais .... responsable du travail plus personnel, qui .... à convenir de .... privés, filtrer les .... téléphoniques, contrôler la bonne .... des visiteurs, et organiser les .... et la correspondance de M. Young. Fort de cette expérience, je possède une .... approfondie des .... de secrétaire ...., et je suis certain de pouvoir répondre à toutes vos exigences. Je vous prie de trouver ci-joint mon .... vitae, et je vous .... gré de bien vouloir m'accorder la chance de discuter .... de mes qualifications avec vous. Je serais heureux de vous rencontrer, à votre ...., pour un .... Il est possible de me contacter à tout .... en laissant un message sur mon ....automatique, au 01-671986. Dans l'.......... de vous rencontrer ...., je vous prie d'agréer, Messieurs, l'assurance de ma .... distinguée.

Letter 17.1
Mademoiselle, Je vous remercie de votre lettre de .... au .... de secrétaire. Je vous serais .... de bien vouloir vous présenter pour un .... mercredi prochain, le 13 mars,

à 14h30 en nos .... Si ce jour ne vous convenait pas, je vous saurais .... de contacter ma secrétaire, et j'essayerai .... de décider d'un .... à notre convenance .... Dans l' .... de vous rencontrer, je vous prie d'agréer, Mademoiselle, mes .... distinguées.

Letter 17.2

Monsieur, ... à votre .... du lundi 12 janvier, j'ai le plaisir de confirmer notre .... pour le poste d'analyste de .... dans cette .... Vous trouverez ....-.......... trois copies de notre contrat de .... Veuillez signer deux d'entres elles, et .... les retourner à ce bureau. Vous trouverez .... des .... sur notre .... de retraite, la cantine du personnel, le club de sports et ...., ainsi que sur d'autres installations .... et avantages de .... Je me tiens à votre entière .... pour répondre à toutes les questions que vous pourriez avoir concernant les conditions d' .... Je reste dans l' .... de vous accueillir le 1er mai ...., et espère que .... marquera le .... d'une longue et heureuse .... Veuillez agréer, Monsieur, l'expression de mes .... salutations.
Rosalyne Gavin,

Letter 18.1

Monsieur, Je souhaite solliciter l'emploi de .... commercial chez J. Lyons et Cie à Paris, et vous serais .... de bien vouloir .... permettre d'inclure votre nom dans ma liste de .... Connaissant mon .... chez Lafond Emballage à Dieppe, vous pourrez .... donner à J. Lyons une .... juste de mes .... Je joins à la présente une .... affranchie à mon adresse pour votre .... Je .... prie d'agréer, Monsieur, l'expression de mes .... les plus distingués.

Letter 18.2

Monsieur, Je viens d'envoyer ma .... au poste de secrétaire .... chez Trans World Travel à Bruxelles. Etant donné .... vous m'avez encouragée à poursuivre mes .... de français, et que vous .... avez aidée à préparer mon examen .... à l'Alliance Française, je vous serais particulièrement .... d'accepter d'écrire une .... de .... en ma .... Veuillez trouver ci-joint une enveloppe .... à l' .... de M. Isnard, directeur du .... de Trans World. En vous remerciant par avance de votre .... assistance, je vous prie d'agréer, Monsieur, mes .... les .... distinguées.

Letter 19.1

Monsieur, Nous avons le .... de vous remettre ....-.......... nos .... brochures ainsi que des .... de notre nouvelle .... Nous avons .... inclus un .... pour votre .... ou comptoir que vous voudriez bien essayer de présenter dans vos .... de Reims. Vous trouverez des informations .... sur les tarifs, réductions, éléments d' .... et de marketing pour votre personnel de .... En attendant la .... de vos prochains ordres, nous vous prions d'agréer, Messieurs, nos salutations distinguées. James Martin, Directeur de Service ....

Letter 19.3

Messieurs, Nous avons le .... de vous informer .... nous avons racheté la compagnie Chunnel Travel à Dover. Il n'y aura .... changement du nom ou de la .... commerciale de cette compagnie qui a réalisé avec .... de très grandes .... dans le passé. Nous ferons tous les .... possibles pour maintenir la tradition de .... des services pour .... le précédent propriétaire était très apprécié. En .... que propriétaire de Dover Travel, nous sommes très .... des affaires dans le .... des voyages et nous possédons les .... adéquates pour mener .... les affaires de notre compagnie .... acquise. Nous espérons que vous nous offrirez la .... de prouver que Chunnel Travel est capable de fournir les .... services de .... que pour le passé. Veuillez agréer, Messieurs, l' .... de nos .... distinguées.

Letter 20.1

Messieurs, Veuillez avoir l'.......... de réserver une chambre .... pour notre directeur des ...., les 7, 8 et 9 mars .... Il devrait arriver aux .... de 17h00 le 7 mars, et repartir le 9 en .... de matinée. Nous vous saurions .... de bien vouloir .... réserver une chambre située .... Nous vous prions d'agréer, Monsieur, nos .... distinguées.

Letter 20.2

Messieurs, Notre .... des ventes à l'.........., qui doit se rendre à Paris en juillet prochain, pour la .... commerciale des Tissus d'.........., devra être logé dans un petit ...., avec .... à une .... de conférences. Une chambre ...., situé au même ...., devra .... être prévu pour sa secrétaire. Je vous serais .... de m'indiquer par .... s'il vous est possible d'effectuer une .... réservation du 12 au 16 juillet .... Veuillez .... me communiquer vos prix. Dans cette ...., je vous prie d'agréer, Messieurs, mes .... salutations.

Letter 20.3

Monsieur, J'ai l'.......... de confirmer votre .... pour une .... simple avec .... de bain, du 12 au 15 juillet. La chambre sera .... le 12 à partir de 12.30. Si vous devez arriver par avion, vous voudrez .... profiter de notre service de .... à partir l'aéroport. Notre .... quitte l' .... 3 toutes les demi-heures, et le service est .... pour toutes les .... résidant à l'hôtel. Veuillez agréer, Monsieur, nos .... les plus dévoués.

Appendix 1
Key to the letters and exercises

Unit 1

Letter 1.1

Dear Sir, We acknowledge reception of your brochure presenting the new items in your Weedolex range. We would be very grateful if you would let us have further details of your products. Yours faithfully,

a) A brochure.
b) Further details of his products.
c) Because the address is on the right.

Letter 1.2

Dear Sir, We have been particularly attracted by your steering wheel locks model X3/27 on page 43 of your brochure. Could you possibly let us know if you are in a position to deliver direct? Yours faithfully,

a) From the brochure.
b) To ask if the company can deliver direct from the factory.
c) The familiar greeting, **Cher Monsieur**.

Letter 1.3

Dear Sirs, We were very interested to receive your letter of 8th June announcing the launch of your new hydraulic jacks. Could you possibly send us the address of the distributor for our area? Yours faithfully,

a) To give information about the launch of a new product.
b) No, he wants to buy from a local dealer.

Letter 1.4

Dear Sirs, We would like to add your special range of coats to our silk and woolens business. We would be grateful if you would send us your current price and let us know your conditions for delivery overseas. Yours faithfully, Overseas Sales Manager.

a) By including a special range of coats.
b) The current price and the conditions for delivery overseas.
c) She is the Manager in charge of overseas sales.

Drills

1)
a) J'accuse réception de votre brochure du 10 août présentant vos nouveaux tarifs.
b) Nous accusons réception de vos horaires de livraison du 8 février présentant votre nouveau réseau.
c) J'accuse réception de vos premiers plans du 21 mars présentant votre nouveau projet de modernisation.
d) Notre client accuse réception du logiciel du 30 novembre présentant votre nouvelle méthode de classement.

2)

a) Nos clients vous sauraient gré de leur faire parvenir un relevé de compte.

b) Nous vous serions obligés de nous faire parvenir une liste à jour.

c) Je vous saurais gré de me faire parvenir des demandes particulières.

d) M. Jacquier vous serait obligé de lui faire parvenir une facture pro forma.

3)

a) Votre circulaire a retenu mon attention et je suis particulièrement intéressé par les trousses à outils présentées à la page 54.

b) Votre prospectus a retenu notre attention et nous sommes particulièrement intéressés par les vêtements présentés à la page 72.

c) Votre liste à jour a retenu leur attention et ils sont particulièrement intéressés par les modifications de prix présentées à la page 44.

d) Votre brochure a retenu son attention et il/elle est particulièrement intéressé(e) par la gamme de vaisselle présentée à la page 67.

Exercise 1.1

Monsieur, Nous accusons réception de votre brochure et nous désirons adjoindre à notre commerce votre gamme de machines d'extrusion-soufflage. Nous vous serions obligés de nous faire parvenir une documentation plus complète sur cette gamme, ainsi que vos conditions de livraison à l'étranger. En plus, vous serait-il possible de nous faire savoir si vous êtes en mesure de nous les livrer directement? Veuillez croire, Messieurs, à l'assurance de nos sentiments distingués.

Exercise 1.2

Monsieur, J'accuse réception de votre lettre du 9 janvier et je suis particulièrement intéressé par votre nouvelle gamme de chaussures de ski. Je vous serais obligé de me faire parvenir vos tarifs actuels ainsi que vos conditions de livraison à l'étranger. Je vous prie d'agréer, Monsieur, l'expression de mes sentiments distingués.

Exercise 1.3

Monsieur, Nous accusons réception de votre brochure et nous sommes particulièrement intéressés par votre nouvelle gamme de brosses à dent. Nous vous serions obligés de nous faire parvenir vos prix courants et l'adresse du distributeur pour notre région. Veuillez agréer, Messieurs, nos sentiments distingués.

Unit 2

Letter 2.1

Dear Sir, Following your request, please find enclosed an illustrated folder presenting our SELTAK range. In anticipation of receiving your order, we remain, Yours faithfully,

a) F. Lacroix.

b) An illustrated folder.

c) Optical measuring instruments.

Letter 2.2

Dear Sir, With reference to your letter of 25th January, 19--, we have pleasure in sending you our latest catalogue. We are quite willing to send you all further supplementary information. We thank you for your interest, Yours faithfully, Export Manager.

a) He was asked for a catalogue.
b) The greeting, **Cher Monsieur**.

Letter 2.3

Dear Madam, We thank you very much for your interest in our Purtex range - aluminium trays for bulk catering and frozen food - A1 and A5. Our representative will supply you with all supplementary information and will advise you on the types that will suit your particular requirements. Yours faithfully,

a) Aluminium trays.
b) Probably a catering business.
c) Because he is sending a representative.

Letter 2.4

Dear Sir, We have received your letter of 10th August in which you make enquiries about our range of bottles, cans, boxes and wide-necked jars for the packaging of food products, medicines and toiletries. Please find enclosed our latest catalogue as well as a current price list. We hope that you will order the articles referred to and while waiting for your reply, we remain, Yours faithfully,

a) It requested details of the company's products.
b) Containers for food, medicine and toiletries.
c) Their current price list.
d) P.J. (Pièces Jointes)

Drills

1)
a) Suite à votre demande, je vous prie de trouver ci-joint une cotation mise à jour.
b) Suite à votre lettre, M. Norman vous prie de trouver ci-joint une liste de ses avant-projets.
c) Suite à votre demande, nous vous prions de trouver ci-joint une fiche d'inscription.
d) Suite à votre lettre, je vous prie de trouver ci-joint une liste des commandes en souffrance.

2)
a) En réponse à votre lettre du 4 avril, j'ai le plaisir de vous adresser un permis de construire.
b) En réponse à votre lettre du 6 février, les partenaires ont le plaisir de vous adresser une offre de lancement.
c) En réponse à votre lettre du 13 août, le Service Comptes Clients a le plaisir de vous adresser un relevé de compte.
d) En réponse à votre lettre du 28 juin, la compagnie a le plaisir de vous adresser un bon de crédit.

3)
a) Veuillez trouver ci-joint les stipulations que nous proposons ainsi qu'un contrat d'ébauche.
b) Veuillez trouver ci-joint un bon de commande ainsi que des échantillons de nos classeurs chemises.
c) Veuillez trouver ci-joint les plans ainsi que l'accord préléminaire.
d) Veuillez trouver ci-joint notre brochure gratuite en couleur ainsi que quelques échantillons de nos dépliants.

Exercise 2.1

Messieurs, Nous avons bien reçu votre lettre du 5 mars. Notre représentant vous fournira des renseignements complémentaires ainsi que notre tarif en vigueur. Restant à votre disposition, nous vous prions, Messieurs, d'agréer nos sincères salutations.

Exercise 2.2

Merci pour l'intérêt que vous manifestez pour notre logiciel. Nous nous tenons à votre disposition pour vous fournir toute information complémentaire. Nous espérons que vous passerez commande des articles en référence et dans l'attente d'une réponse nous vous prions d'agréer, Monsieur, l'assurance de nos sentiments distingués.

Exercise 2.3

Monsieur, Suite à votre demande,nnous vous prions de trouver ci-joint nos derniers échantillons ainsi que notre tarif en vigueur. Nous espérons que vous nous passerez commande des articles en référence et dans l'attente d'une réponse nous vous prions de croire, Monsieur, à l'assurance de notre considération distinguée.

Unit 3

Letter 3.1

Dear Sir, After having examined your brochure presenting your water-cooled circular saws, we wish to place an order for: 100 Code No: 900 54000 diameter thickness 230 mm, cutting thickness 2.2 mm (etc). Hoping that this will mark the beginning of a continuing relationship between our two companies, we remain, Yours faithfully,

a) water-cooled circular saws.
b) The export manager.
c) Because the order was from Morocco.
d) Because M. Lericordel hopes that his order will mark the beginning of continuing relationship.

Letter 3.2

Dear ..., After having examined the catalogue that you recently sent us, we have pleasure in sending you herewith an order for trouser skirts, length 95 cm, on a straight belt mounting with slide and buttons. 500 maroon, sizes... 50 black, sizes... Please send the consignment by air. Yours faithfully,

a) By the very friendly opening.
b) Yes, he wants it sent by air.

Letter 3.3

Dear Sir, We have received your letter of 5th of December. We now have pleasure in sending you the enclosed order for 30 pairs of stepladders with top platforms, aluminium steps and a supporting strap in the open position. Reference:... 10 Height 85cm/4 steps/3 kg etc. Please arrange delivery by train. Yours faithfully,

a) Hardware and tools.
b) To the station.

Letter 3.4

Dear Sir, Following our telephone conversation of 10th May last, we are ordering: 15 non-return valves, 10 automatic regulator taps - DN 10-250 , series 6000-4500. Please send the goods by normal cargo service. Hoping that you will expedite the order with your usual care, we remain, Yours faithfully,

a) He had a telephone conversation with the supplier.
b) By normal cargo service.
c) Because he uses the phrase **avec votre diligence habituelle**.

Drills

1)
a) Après avoir examiné votre catalogue présentant vos marchandises, je souhaite vous passer une commande pour 50 services de table modèle Savoie.
b) Après avoir examiné vos échantillons présentant vos marchandises, nous souhaitons vous passer une commande pour 150 range-chaussures - Dim. 57 x 21 cm.
c) Après avoir examiné votre brochure présentant vos marchandises, je souhaite vous passer une commande pour 30 allume-gaz électriques multi-étincelles à quartz.
d) Après avoir examiné votre prospectus présentant vos marchandises, nous souhaitons vous passer une commande pour 20 balances électroniques, alimentation par pile 9V.

2)
a) Après avoir examiné votre liste que vous m'avez récemment envoyée, j'ai le plaisir de vous adresser ci-joint une commande pour 20 machines à coudre super-compactes.
b) Après avoir examiné vos échantillons que vous nous avez récemment envoyés, nous avons le plaisir de vous adresser ci-joint une commande pour 5 sèche-linge avec 4 programmes de sèchage.
c) Après avoir examiné votre brochure que vous m'avez récemment envoyée, j'ai le plaisir de vous adresser ci-joint une commande pour 35 tapis en velours.
d) Après avoir examiné votre catalogue que vous nous avez récemment envoyé, nous avons le plaisir de vous adresser ci-joint une commande pour 25 téléviseurs couleur "Mandi" (pour chaines françaises et étrangères).

3)
a) J'ai le plaisir de joindre à la présente une commande pour un orgue électronique portable Bontempi.
b) Nous avons le plaisir de joindre à la présente une commande pour 10 porte-bébés dorsaux pliants sur roulettes.
c) J'ai le plaisir de joindre à la présente une commande pour 20 poupées "Bobby" en vinyle de 40 cm, yeux dormeurs.
d) Nous avons le plaisir de joindre à la présente une commande pour 20 lecteurs de disquettes DD1-2, avec logiciel de jeux compilation.

Exercise 3.1

Monsieur, Après avoir examiné votre brochure que vous nous avez récemment envoyée, nous avons le plaisir de vous adresser ci-joint une commande pour 100 Bobines d'allumage CX143/2. Veuillez effectuer le chargement par avion. Dans l'attente de recevoir votre expédition, nous vous prions d'agréer, Monsieur, l'expression de nos sentiments distingués.

Exercise 3.2

Cher Monsieur, Après avoir examiné vos échantillons présentant vos produits, nous avons le plaisir de vous adresser une commande pour 100 seringues. Veuillez arranger une livraison par train. En espérant que vous exécuterez cet ordre avec votre diligence habituelle, nous vous prions d'agréer, Cher Monsieur, l'expression de nos sentiments les meilleurs.

Exercise 3.3

Monsieur, Nous avons bien reçu votre lettre du 5 juin. Après avoir examiné votre catalogue que vous nous avez récemment envoyé, nous avons le plaisir de vous adresser ci-joint une commande No: 234/X42 pour 200 garnitures mécaniques. Veuillez expédier les marchandises par avion et accepter, Monsieur, l'expression de nos sentiments distingués.

Unit 4

Letter 4.1

Dear Sirs, We thank you for your order No: 321/4-9, for:- 200 kilos of moka (coffee) 1 quality No: 493 @ 100 FF a kilo, etc. The goods will be sent today by rail. Yours faithfully, Sales Manager.

a) Etablissements Lelue.
b) A chain of grocers or delicatessens.
c) The same day.

Letter 4.2

Dear Sir, We thank you for your letter of 4th November and for the accompanying order. We will let you know as soon as we are able to confirm shipment of the goods. We thank you once more for your order and remain, Yours faithfully, Sales Manager.

a) An order.
b) To confirm that the goods have been sent.

Letter 4.3

Dear Sir, I have pleasure in acknowledging receipt of your order of the 15th instant regarding: the aluminium sheeting, the polyethylene laminate, the cardboard folders. We have all the articles in stock and everything should be ready for shipment next week. Yours faithfully, Sales Manager.

a) During the following week.

Letter 4.4

Dear Madam, We are happy to inform you that your order No: 264/3613 of 6th June is in hand. The packets will arrive before the end of the month. We would be grateful if you would inform us when the goods arrive. Hoping that this arrangement acceptable, we remain, Yours faithfully, Export Departement.

a) Before the end of the month.
b) That the client should inform him when the goods arrive.

Drills

1)
a) J'accuse réception de votre commande du 15 mai courant relative aux manettes de jeu.
b) Le Service des Ventes accuse réception de votre commande du 6 mars courant relative aux machines à écrire mécaniques "Eurotype".
c) M. Delambre accuse réception de votre commande du 12 octobre courant relative aux jupes en velours côtelé 100% coton.
d) Nous accusons réception de votre commande du 18 janvier courant relative aux polos rayés, manches courtes.

2)
a) Le tout sera envoyé aujourd'hui même par train.
b) Les paquets seront envoyés à la fin de la semaine par bateau.

c) La caisse sera envoyée demain par route.
d) Les marchandises seront envoyées à la fin du mois par avion.

3)
a) J'ai les salopettes en stock et le tout devrait être prêt à l'envoi le mois prochain.
b) Nous avons les armoires en stock et le tout devrait être prêt à l'envoi d'ici une semaine.
c) Notre magasin a les couettes en stock et le tout devrait être prêt à l'envoi le plus tôt possible.
d) Notre succursale a les ponceuses en stock et le tout devrait être prêt à l'envoi dans les jours
    à venir.

Exercise 4.1

Monsieur, Nous vous remercions pour votre commande Numéro 435/23/32, c'est à dire:- 10 000
sacs à ordures en rouleaux prédécoupés et 1000 sacs congélation. Nous avons tous les articles
en stock, et le tout devrait être prêt à l'envoi d'ici quelques jours. Les marchandises seront
envoyées par train. Espérant que cet arrangement vous conviendra, nous vous prions d'agréer,
Monsieur, l'assurance de nos sincères salutations.

Exercise 4.2

Monsieur, Nous vous remercions pour votre lettre du 7 mars et de la commande jointe. Les
caisses vous parviendront avant la fin de la semaine. Restant à votre disposition, nous vous
prions de croire, Monsieur, à l'expression de nos sentiments les meilleurs.

Exercise 4.3

Monsieur, Nous vous remercions pour votre lettre du 12 septembre et pour la commande pour
6 bâches bâtiments ainsi que 20 gaines agricoles pour paillages. Les marchandises vous
parviendront aussitôt que possible. Nous vous serions reconnaissants de nous aviser de l'arrivée
des marchandises. Restant à votre disposition, nous vous prions d'agréer, Monsieur,
l'expression de nos sentiments distingués.

Unit 5
Letter 5.1

Dear Sir, Following our order No: 867/342 of 5th February, we have to point out that the 20 sets
of triple mirrors 140 EQUINOXE 8490 must be delivered with fixtures, internal lighting, plugs
and switches to our Arras branch. On the other hand, order No: 867/343 must be sent to our
warehouse in Marseilles. The mirrors should be in bales covered in sacking with metal strapping.
In expectation of your future orders to which we shall always give the greatest care, we remain,
Yours faithfully,

a) From a client.
b) An adjustable mirror with three parts.
c) To the branch in Arras.
d) In sacking bales with metal strapping.

Letter 5.2

Dear Sir, We have received your letter of 5th January. The goods will be sent to your depot in
Dieppe according to your instructions as soon as possible. All the containers are clearly marked
with the accepted international sign - fragile - top - bottom. We thank you for your order and
remain, Yours faithfully,

a) A client
b) Overseas Sales Manager.
c) To the Dieppe depot.

d) The containers carry the international marking for - fragile - top - bottom.

Letter 5.3

Dear Sirs, Following your letter of 8th August, the following are the details concerning the shipment of our order No: A/765. Each article must be packed in special cases to avoid all risk of damage during transport. Please deliver the goods to our shipper's warehouse and send the bill in duplicate.

a) A client.
b) The letter requested details of delivery requirements.
c) He will send them on to M. Chanoit.

Letter 5.4

Dear Madam (No English plural equivalent), As you requested in your letter of 8th March, we are sending you 20 50 kg cases of "pâté de foie gras" by refrigerated container to Dover from the port of Boulogne. We hope that they will arrive quickly and in good condition, that you will appreciate the quality of our products and that we shall have the chance to do business with you again. Yours faithfully,

a) It placed the order.
b) By his closing remarks.

Drills

1)
a) Suite à ma commande du 9 septembre, je vous précise que les peignoirs (col châle) doivent être livrés à mon entrepôt de Reims.
b) Suite à notre commande du 5 mai, nous vous précisons que la bibliothèque-vitrine de style Louis XV doit être livrée à notre bureau d'Amiens.
c) Suite à ma commande du 6 janvier, je vous précise que les combinaisons de ski enfant doivent être livrées à ma succursale d'Avignon
d) Suite à notre commande du 15 octobre, nous vous précisons que les montres "signes du zodiaque" à quartz doivent être livrées à notre agence de Grenoble.

2)
a) Les mobiles musicaux pour berceau vous seront expédiés prochainement selon vos instructions à votre entrepôt de Calais.
b) Les radios-réveils vous seront expédiés la semaine prochaine selon vos instructions à votre bureau de Rouen.
c) Les téléphones sans fil TD 8734 vous seront expédiés à la fin du mois selon vos instructions à votre succursale d'Evreux.
d) Les abris-douches vous seront expédiés aujourd'hui selon vos instructions à votre dépôt de Paris.

3)
a) Comme vos clients nous l'ont demandé dans leur lettre du 9 octobre, nous leur expédions les tapis de laine par voie maritime du port de Dieppe jusqu'à Newhaven.
b) Comme votre gérant nous l'a demandé dans sa lettre du 7 août, nous lui expédions les mini lave-vaisselles compacts par voie ferrée de Victoria jusqu'à Boulogne.
c) Comme vous nous l'avez demandé dans votre lettre du 15 mars, nous vous expédions la porte basculante de garage en acier par voie routière de Calais jusqu'à Marseille.
d) Comme votre agent nous l'a demandé dans sa lettre du 3 juillet, nous lui expédions les escaliers de meunier par voie fluviale de Chalons-sur-Saône jusqu'à Chaumont.

Exercise 5.1

Monsieur, Suite à notre commande No: A/54 du 9 mars, nous tenons à vous informer que les balconnières doivent être livrées à notre dépôt de Calais. Toutes les boîtes portent clairement la marque conventionnelle internationale fragile - haut - bas. Nous vous remercions pour votre commande et vous assurons, Monsieur, de nos sentiments distingués.

Exercise 5.2

Monsieur, Nous avons bien reçu votre commande du 9 janvier. Les boîtes seront empaquetées en ballots recouverts de toile de jute avec un cerclage métallique et seront expédiées à votre dépôt dieppois. Dans l'espoir que vous apprécierez la qualité de nos produits et que nous aurons l'occasion de traiter à nouveau avec vous, nous vous prions de recevoir, Monsieur, nos sentiments les meilleurs.

Exercise 5.3

Messieurs, Suite à votre lettre du 5 août, voici les précisions concernant l'expédition de votre commande No: 1234. Les articles vous seront expédiés, selon vos instructions, par route à votre entrepôt à Reims avant la fin du mois. Nous espérons qu'elles vous parviendront rapidement et en bon état. Dans l'espoir que vous apprécierez la qualité de nos produits et que nous aurons l'occasion de traiter à nouveau avec vous, nous vous prions de recevoir, Messieurs, nos respectueuses salutations.

Unit 6

Letter 6.1

Dear Sir, We have received the trial order consisting of the above mentioned articles which arrived in perfect condition. If, as we hope, our customers like your suntan products, we shall be pleased to order larger amounts from you. Yours faithfully,

a) No, it is in the "Zone Industrielle".
b) Durfils 43 Vitry.
c) By using the account number 153-34 Reims.
d) To inform Disimex International that they have received the trial order.
e) Yes if the products are popular with his customers.

Letter 6.2

Dear Sir, We thank you for your consignment of 26th June which arrived this morning within the time required and in good condition. The invoice and the goods tally perfectly. We hope to be in a position to send you an identical order shortly. Yours faithfully,

a) By the phrase "en temps voulu".
b) An invoice
c) Almost certainly.

Letter 6.3:

Dear Sir, We are happy to confirm the arrival of after shave lotions Samarkand (No 1) and Jamaique (No 3) which we ordered two weeks ago (Nos: 10 & 11 of our order No: 3692). Our lorry collected the goods from the docks yesterday. In anticipation of the items which have yet to be delivered, we remain, Yours faithfully,

a) Two weeks.
b) By ship.
c) No, he hasn't.

Letter 6.4

Dear Madam, The first part of the consignment of wall cupboards has just arrived by rail. We are happy to confirm that the first batch delivered corresponds perfectly with the delivery note. You can expect a similar order from us shortly. Yours faithfully,

a) By rail.
b) He checked the items against the delivery note.

Drills

1)
a) J'ai bien reçu l'armoire de toilette qui figure dans ma commande No: 974/32A et qui est parvenue en parfait état.
b) Nous avons bien reçu les enveloppes de couette qui figurent dans notre commande No: F-232A et qui sont parvenues en parfait état.
c) J'ai bien reçu les jeans TEXAS en pur coton qui figurent dans ma commande No: 321/A32 et qui sont parvenus en parfait état.
d) Le transitaire a bien reçu l'humidificateur d'atmosphère qui figure dans notre commande No: 876-24/A et qui est parvenu en parfait état.

2)
a) Je suis heureux d'accuser réception des coupe-vents dont nous avions passé commande le mois dernier.
b) Notre gérant est heureux d'accuser réception des tables de ping-pong Eurosport dont nous avions passé commande il y a une semaine.
c) Notre client est heureux d'accuser réception des bahuts (Larg. 100. haut 79 cm.) dont nous avions passé commande avant hier.
d) Nos clients sont heureux d'accuser réception des housses multi-usages dont nous avions passé commande le 12 septembre.

3)
a) Mon camion a pris aujourd'hui livraison des pantalons aérobic au port de Marseille.
b) Notre agent a pris hier livraison des perceuses visseuses-dévisseuses à l'aéroport.
c) Mon adjoint a pris la semaine dernière livraison des pistolets à souder à l'entrepôt.
d) Nos clients ont pris il y a deux jours livraison des lustres à deux branches au dépôt.

Exercise 6.1

Messieurs, Objet: Notre commande No: 3265/32, 30 magnétoscopes. Nous avons bien reçu les articles à l'essai qui figurent dans notre commande mentionnée ci-dessus No: 3265/32 qui nous sont parvenus en parfait état. Notre fourgonnette a pris, hier, livraison des marchandises à la gare. Nous espérons être en mesure de vous passer une commande identique prochainement. Dans l'attente des articles qui restent à nous être livrés, nous vous prions de recevoir, Messieurs, nos sentiments les meilleurs.

Exercise 6.2

Monsieur, Nous sommes heureux de vous confirmer réception des fauteuils dont nous avons passé commande il y a deux semaines (numéros 7 et 8 de notre commande). Si, comme nous l'espérons, notre clientèle apprécie vos marchandises, nous nous ferons un plaisir de vous passer des commandes plus importantes. Nous vous prions d'agréer, Monsieur, l'expression de nos sentiments dévoués.

Exercise 6.3

Messieurs, La première partie de l'envoi des plats cuisinés surgelés vient de nous parvenir. La facture et l'expédition sont conformes. Dans l'attente des articles qui restent à nous être livrés, nous vous prions de recevoir, Messieurs, nos sentiments les meilleurs.

Unit 7

Letter 7.1

Dear Sir, We have just taken delivery of the articles in our order No: 143/2A. We regret to inform you that the bathroom cabinets (with mirror, lighting strip and shelf, colour: dark maritime pine) are not up to the usual standard. Could you please make the necessary arrangements as quickly as possible for the replacement of these articles and their delivery? In anticipation of a speedy reply, we remain, Yours faithfully,

a) Yes, he has.
b) The goods are not up to their usual standard.
c) He wants the company to replace them.

Letter 7.2

Dear Sir, We regret to inform you that our consignment of a set of dumbbells was delivered to us in a bad condition. You can understand our disappointment. We are returning the damaged items straight away and would be grateful if you would replace them immediately. Yours faithfully,

a) No, he isn't.
b) He wants the damaged items replaced.
c) Because he has already taken action by returning the items.

Letter 7.3

Dear Sir, We acknowledge reception of the solid pine settees which you sent to us in accordance with our order of the 5th instant. Although the boxes are intact, when we unpacked them, we discovered that a certain number of the items were broken. We have told the shipper about the damage and kept the boxes and their contents so that they may be inspected. Yours faithfully,

a) When he unpacked them.
b) To the shipper.
c) So that they can be inspected.

Letter 7.4

Dear Sirs, Your shipment was at last delivered yesterday from the air freight depot. Unfortunately, I regret to have to inform you that the goods were clearly damaged. I would, therefore, be obliged if you would send your representative as soon as possible so that he can verify the situation himself. Yours faithfully.

a) By the use of **enfin**.
b) The fact that the goods were damaged.
c) Managing Director.

Drills

1)
a) Bien que les paquets soient apparemment intacts, j'ai découvert au déballage à leur arrivée qu'un certain nombre de balances électroniques étaient endommagées.
b) Bien que les boîtes soient apparemment intactes, nous avons découvert au déballage à

l'installation qu'un certain nombre de radiateurs infra-rouges étaient esquintés.

c) Bien que les caisses soient apparemment intactes, notre agent a découvert au déballage au dépôt qu'un certain nombre de fauteuils étaient abîmês.

d) Bien que les cartons soient apparemment intacts, mon adjoint a découvert au déballage au bureau qu'un certain nombre de meubles téléphones étaient détériorés.

2)
a) Nous accusons réception des tables de cuisson que vous nous avez envoyées conformément à notre commande du 7 mars.

b) J'accuse réception des jumelles "Permo Focus" que vous m'avez envoyées conformément à ma commande du 24 août.

c) M. Boileau accuse réception des antennes intérieures que vous lui avez envoyées conformément à sa commande du 3 juillet.

d) Notre client accuse réception des bottes basses élastiquées que vous lui avez envoyées conformément à sa commande du 8 février.

3)
a) J'ai le regret de vous informer que votre envoi de mini-fours m' a été livré ce matin en mauvais état.

b) M. Le Directeur a le regret de vous informer que votre expédition de matelas nous a été livrée aujourd'hui en mauvais état.

c) J'ai le regret de vous informer que votre carton de pyjamas m'a été livré le 5 août en mauvais état.

d) Nous avons le regret de vous informer que votre caisse de chemises nous a été livrée cet après-midi en mauvais état.

Exercise 7.1

Monsieur, Bien que les cartons soient intacts, nous avons découvert au déballage qu'un certain nombre de pièces étaient cassées. Vous comprendrez notre déception. Je vous serais donc obligé de m'envoyer votre réprésentant le plus tôt possible afin qu'il constate le fait par lui-même. Dans l'attente de votre prompte réponse, je vous prie de croire, Monsieur, à mes meilleurs sentiments.

Exercise 7.2

Messieurs, Votre expédition nous a enfin été livrée hier depuis la gare de Lyon. Nous avons le regret de vous signaler que les articles ne présentaient pas la qualité habituelle. Nous avons gardé le carton et le contenu en vue d'une inspection. Veuillez croire, Messieurs, à nos sentiments dévoués.

Exercise 7.3

Messieurs, J'accuse réception des conserves de poissons et viandes que vous m'avez envoyées conformément à ma commande du 5 courant. Malheureusement, je suis au regret de vous faire savoir que les marchandises présentaient des défauts évidents. Nous vous retournons sur-le-champ les articles endommagés et vous seriez reconnaissants de les remplacer dans les plus brefs délais. Dans l'attente de votre prompte réponse, je vous prie de croire, Messieurs, à mes sentiments les meilleurs.

Unit 8

Letter 8.1

Order No: 4365 - 30 dozen wine glasses: Dear Sir, In reply to your letter of 3rd March on the subject of the non-delivery of some wine glasses, we have asked our Export Department who have informed us that the goods were damaged by the storm we had in this area last week. You can rest assured that we shall see that this order will be dealt with as soon as possible. Please accept our apologies for the inconvenience. Yours faithfully,

a) He asked his Export Department.
b) Because the goods were damaged by a storm.
c) He is going to send off the order as soon as possible.

Letter 8.2

Dear Sir, We very much regret that, until now, we have not been able to send you the computer disks. We certainly have them in stock, but cannot locate any invoice in your name. Can you, in order to help us with our enquiry, send us the number and the date of your order? We assure you that we shall give the matter our utmost attention immediately we receive your reply. Yours faithfully,

a) Because he can't find a record of the order.
b) To send the number and the date of the order.
c) By assuring him that he will give the matter priority.

Letter 8.3

Dear Sirs, We have noticed that we have overcharged you by 400 FF and you will find a credit note attached for that amount. We are in the process of changing computers, which has led to a certain amount of duplication of invoices. As soon as things are back to normal, we hope to be able to continue as usual. Please accept our apologies. Yours faithfully,

a) Because she has overcharged the client.
b) Because they are changing computers.
c) The Clients' Accounts Department.

Letter 8.4

Dear Madam, We are extremely sorry to hear that the metal spring bed frames which we sent you by train became unfastened during transport and consequently arrived in a damaged condition. We offer our most profound excuses for this mistake which was caused by the carelessness of a new packer. We are ready to accept full responsibility for the damage and we have immediately replaced the articles. Please excuse us for all the inconvenience that this may have caused you. Yours faithfully,

a) They became unfastened during transport.
b) It was the fault of a new packer.
c) He has replaced the articles.

Drills

1)
a) En réponse à votre lettre du 9 février au sujet des scies circulaires, je me suis renseigné auprès de mon gérant qui m'apprend que les cartons ont été envoyés hier.
b) En réponse à votre lettre du 23 juin au sujet des draps, nous nous sommes renseignés auprès de notre contremaître qui nous apprend que les paquets ont été expédiés aujourd'hui.
c) En réonse à votre lettre du 5 août au sujet des projecteurs de diapositives, mon adjoint s'est renseigné auprès de l'agent maritime qui lui apprend que les conteneurs ont été envoyés la semaine dernière.
d) En réponse à votre lettre du 8 juillet au sujet des joggings en molleton, nous nous sommes renseignés auprès de notre représentant qui nous apprend que les ballots ont été expédiés ce matin.

2)

a) Le Directeur des Ventes regrette vivement de n'avoir pu jusqu'à présent vous envoyer les lunettes astronomiques que vous avez commandées.

b) Nous regrettons vivement de n'avoir pu jusqu'à présent vous envoyer les chargeurs de batterie 6/12 V que vous avez commandés.

c) Ma collègue regrette vivement de n'avoir pu jusqu'à présent vous expédier les mallettes dépannages 50 pièces que vous avez commandées.

d) Je regrette vivement de n'avoir pu jusqu'à présent vous expédier les haut-parleurs de voiture que vous avez commandés.

3)

a) J'ai été navré d'apprendre que les aspirateurs autos 12 V. que j'ai envoyés par train se sont cassés en cours de transport.

b) M. Laurent a été navré d'apprendre que les pistolets à peindre électrique qu'il a expédiés par bateau se sont abîmés en cours de transport.

c) J'ai été navré d'apprendre que les pantalons à pinces que j'ai expédiés la poste se sont endommagés.

d) Nous avons été navrés d'apprendre que les étagères que nous avons envoyées par route se sont esquintées.

Exercise 8.1

Monsieur, En réponse à votre lettre du 1er avril au sujet de la non-livraision des classeurs à rideaux, nous nous sommes renseignés auprès de notre Service d'Expédition qui nous apprend que les marchandises ont été endommagées par un incendie qui a eu lieu à notre entrepôt la semaine dernière. A présent que cet incident est régularisé, nous espérons être en mesure de continuer comme par le passé. Avec tous nos regrets pour le dérangement, nous vous prions d'agréer, Monsieur, l'expression de nos sentiments distingués.

Exercise 8.2

Monsieur, Nous regrettons vivement de n'avoir pu jusqu'à présent vous expédier les fauteuils. Vous pouvez être assuré que nous veillerons attentivement à l'exécution de cette commande le plus tôt possible. En vous priant de nous excuser pour tout dérangement que cet incident peut vous causer, veuillez croire, Monsieur, à l'expression de ma considération distinguée.

Exercise 8.3

Nous avons bien reçu votre lettre du 9 septembre et nous regrettons vivement de n'avoir pu jusqu'à présent vous expédier votre commande. Nous changeons actuellement d'ordinateur, ce qui a amené quelque doublons dans la facturation. En vous priant de vous excuser pour tout dérangement que cet incident peut vous causer, veuillez accepter, Monsieur, nos respectueuses salutations.

Unit 9

Letter 9.1:

Dear Sir, We would like to draw your attention to our bill of 4th March. As we have not yet received your payment for the last two shipments, we would be very grateful if you would send it as soon as possible. I am sure that this delay is due to an oversight in your accounts department and while awaiting settlement, we remain, Yours faithfully,

a) That Isotech France still owe them for the last two shipments.

b) An oversight in the accounts department.

Letter 9.2:

Dear Sirs, We wish to remind you that our invoice No: 896/1A dated 8th August has not yet been settled. We ask you to give this situation your most urgent attention. If you have already transferred the amount in question, please take no notice of this reminder. While awaiting your next letter, we remain, Yours faithfully,

a) The fact that they have not settled their bill.
b) Payment and an excuse for the delay.

Letter 9.3:

Dear Madam, We have received your letter of 12th September last in which you draw our attention to the fact that we have overrun the time limit of your last two bills. As we are experiencing temporary financial difficulties, we are sending you half of the amount as an instalment and we shall pay the remainder over the next three months. We are very grateful for your understanding and we remain, Madam, Yours faithfully,

a) To inform the client that payment is due.
b) By sending an instalment.

Letter 9.4:

Dear Sir, I have certainly received your letter of 8th January concerning the non-settlement of our order A/97867. As you are aware, our policy has always been to settle our accounts with the minimum of delay. However, the damage caused by the hurricane in the South of England resulted in serious cash flow problems and we would be very grateful if you would allow us 30 days extra. Thanking you in advance, we remain, Yours faithfully,

a) It was a complaint about the non-settlement of the bill.
b) That they have always paid on time in the past.
c) Because of hurricane damage.

Drills

1)
a) J'aimerais attirer votre attention sur notre relevé de compte daté du 8 août.
b) Le Directeur aimerait attirer votre attention sur notre connaissement daté du 20 janvier.
c) J'aimerais attirer votre attention sur notre quittance datée du 4 mars.
d) Nos clients aimeraient attirer votre attention sur leur lettre de change datée du 18 octobre.

2)
a) Cependant, les dégâts dûs à la pluie me causent de graves problèmes de liquidités et je vous serais très reconnaissant de m'accorder une quinzaine de jours supplémentaires.
b) Cependant, le retard provoqué par la grève nous cause de graves problèmes de liquidités et nous vous serions très reconnaissants de nous accorder une semaine supplémentaire.
c) Cependant, le délai dû au gel me cause de graves problèmes de liquidités et je vous serais très reconnaissant de m'accorder un mois supplémentaire.
d) Cependant, l'arrêt provoqué par l'inondation nous cause de graves problèmes de liquidités et nous vous serions très reconnaissants de nous accorder quelques jours supplémentaires.

3)
a) Je tiens à vous rappeler que mon compte A-23-13 daté du 9 janvier n'est pas encore réglé.
b) Le gérant tient à vous rappeler que sa facture No: 325/X32/1 datée du 11 février n'est pas encore réglée.
c) Nos clients tiennent à vous rappeler que leur compte B43/430-1 daté du 23 mars n'est pas encore réglé.

d) Nous tenons à vous rappeler que notre facture X43-76 datée du 14 décembre n'est pas encore églée.

Exercise 9.1

Monsieur, J'aimerais attirer votre attention sur notre facture datée du 12 février. Comme nous n'avons pas encore reçu votre paiement du dernier envoi, je vous demande d'accorder toute votre attention à cette affaire urgente. Dans le cas où vous auriez déjà versé le montant en question, veuillez ne pas tenir compte de ce rappel. Je suis sûr que ce retard est dû à une omission de la part de votre service comptable et dans l'attente du règlement, je vous prie d'agréer, Monsieur, mes sentiments les meilleurs.

Exercise 9.2

Messieurs, Nous tenons à vous rappeler que notre facture No: 9874-23 datée du 9 octobre n'est pas encore réglée et nous vous serions très reconnaissants de nous envoyer votre versement dès que possible. Dans l'attente de votre prochain courrier, nous vous prions de recevoir, Messieurs, l'assurance de notre considération distinguée.

Exercise 9.3

Monsieur, J'ai bien reçu votre lettre du 25 mai au sujet du règlement non effectué de notre commande A/8675. Comme nous avons temporairement quelques difficultiés financières, nous vous adressons un versement de la moitié de votre facture et nous paierons le reliquat dans les trois prochains mois. Avec nos remerciements anticipés, veuillez agréer, Monsieur, l'expression de mes sentiments les meilleurs.

Unit 10

Letter 10.1

Dear Sir, We have just received an important order from the company whose name you will find on the enclosed slip. Could you please let us have full information on this company's position. We would particularly like to know if this company enjoys a sound financial situation and if we can let them have goods up to a credit limit of 50 000 FF. You can rest assured that this information will be kept strictly confidential. Yours faithfully,

a) Because he has received a large order from a client wanting to open a credit account.
b) He has enclosed the client's name and address on a separate slip of paper.
c) Whether it is safe to allow the client goods to the value of 50 000 FF.

Letter 10.2

Dear Sir, We would be very grateful if we could obtain information about Les Etablissements Leroux-France Sarl, who would like to open an account and who have given us your name as a reference. We know that you often have business dealings with them so we thought that you, better than anyone else, could give us information about their financial situation. Do you think that we could safely do business with them ? In the hope of a speedy reply, we enclose an international reply coupon. Yours faithfully,

a) Because he wants to know the financial status of Leroux-France.
b) Whether it is wise to do business with them on a credit basis.
c) He has enclosed an international reply coupon.

Letter 10.3

Dear Sirs, We would like to know your opinion on the subject of Lacor & Co., who have given your name as a reference. Before permanently committing ourselves, we would be obliged if you would give us your opinion on the quality of their work and of their after sales service. We assure you that all information that you give us will be treated confidentially. Thanking you in advance, we remain, Yours faithfully,

a)   She would like to have some information about the quality of their work and their after sales service.

Letter 10.4

Dear Sirs, Dessoutter and Racek and Co., have contacted us with a vue to placing a large order of domestic appliances. They have given us your name and address and we would, therefore, be very grateful if you would supply us with information on their financial situation as soon as possible. Although we are sure of their ability to pay, we would like confirmation that their financial situation guarantees quarterly payments of up to 5 000 000 FF. Needless to say that all information will remain confidential. Yours faithfully,

a)   A large order for household goods.
b)   Every three months.

Drills

1)

a)   Je viens de recevoir une commande importante de la compagnie dont vous trouverez le nom sur la feuille ci-jointe.
b)   Nous venons de recevoir une commande importante du magasin dont vous trouverez le nom sur la feuille ci-jointe.
c)   Je viens de recevoir une commande importante de l'entreprise dont vous trouverez le nom sur la feuille ci-jointe.
d)   Nous venons de recevoir une commande importante de la Société dont vous trouverez le nom sur la feuille ci-jointe.

2)

a)   J'aimerais savoir en particulier si cette Société jouit d'une situation financière saine et si nous pouvons lui fournir des marchandises avec l'accord d'un crédit plafonné à 100 000 FF.
b)   M. Leroux aimerait savoir en particulier si cette entreprise jouit d'une situation financière saine et si nous pouvons lui fournir des marchandises avec l'accord d'un crédit plafonné à 300 000 FF.
c)   J'aimerais savoir en particulier si ce magasin jouit d'une situation financière saine et si nous pouvons lui fournir des marchandises avec l'accord d'un crédit plafonné à 50 000 FF.
d)   Nous aimerions savoir en particulier si cette compagnie jouit d'une situation financière saine et si nous pouvons lui fournir des marchandises avec l'accord d'un crédit plafonné à 20 000 FF.

3)

a)   Je vous serais reconnaissant d'obtenir des renseignements sur Chimoplastic S.A. qui désirent ouvrir un compte et nous ont donné votre nom comme référence.
b)   Nous vous serions reconnaissants d'obtenir des renseignements sur Inoxtron International qui désirent ouvrir un compte et nous ont donné votre nom comme référence.
c)   Je vous serais reconnaissant d'obtenir des renseignements sur Duclos et Cie qui désirent ouvrir un compte et nous ont donné votre nom comme référence.
d)   Madame Martin vous serait reconnaissante d'obtenir des renseignements sur Sarrazan France qui désirent ouvrir un compte et nous ont donné votre nom comme référence.

Exercise 10.1

Monsieur le Directeur, Nous venons de recevoir une commande importante de la Maison dont vous trouverez le nom sur la feuille ci-jointe. Pourriez-vous nous fournir toute information sur la situation financière de cette maison? Nous savons que vous êtes souvent en relations d'affaires avec eux, aussi avons-nous pensé que vous pourriez, mieux que tout autre, nous renseigner sur leur solvabilité. Pensez-vous que nous puissions traiter avec eux sans risques? Il va sans dire que tous ces renseignements demeureront confidentiels. Nous vous prions d'agréer, Monsieur le Directeur, l'expression de nos sentiments distingués.

Exercise 10.2

Monsieur le Directeur, Nous vous serions reconnaissants d'obtenir des renseignements sur Les Etablissements Leroux-France Sarl, qui désirent ouvrir un compte et nous ont donné votre nom comme référence. Nous aimerions savoir en particulier si cette entreprise jouit d'une situation financière saine et si nous pouvons leur faire bénéficier de nos marchandises avec l'accord d'un crédit plafonné à 50 000 FF. Dans l'attente d'une réponse rapide, veuillez trouver ci-joint un coupon réponse international. Nous vous prions d'agréer, Monsieur le Directeur, l'expression de nos sentiments distingués.

Exercise 10.3

Monsieur le Directeur, Nous vous serions reconnaissants d'obtenir des renseignements sur Durillon Père Fils & Cie, qui désirent ouvrir un compte et nous ont donné votre nom comme référence. Bien que nous soyons certains de leur aptitude à régler, nous aimerions avoir confirmation que leur situation financière garantit des règlements trimestriels à concurrence de 5 000 000 FF. Vous pouvez être assuré que ces renseignements resteront strictement confidentiels. Dans l'attente du plaisir de vous lire et en vous remerciant d'avance, je vous présente, Monsieur le Directeur, mes salutations les plus sincères.

Unit 11

Letter 11.1

Dear Sir, We are obliged to inform you that a mistake has slipped into our order No: A/147B of 5th October last. Instead of: Storage case for 18 compact disks, it should read: Storage box for 10 audio cassettes. Please excuse us for this regrettable incident. Yours faithfully,

a) By claiming that the error accidentally "slipped" into the order.
b) He ordered the wrong goods.

Letter 11.2

Dear Sirs, On 4th January we ordered a graphic equaliser VOXIMOND which should be delivered at the end of the month. We have, however, discovered that our present stock is sufficient for the coming month and we would like to cancel the order. I hope that, in view of our longstanding dealings with you, you will accept this change. Yours faithfully,

a) Almost a month.
b) He has realised that he has enough equalisers in stock.

Letter 11.3

Dear Sir, we regret to learn from your letter of 9th October that it is impossible for you to fulfil our order No: 875-325 according to the stipulated details. We have to remind you that we insisted the delivery date should be adhered to and now see ourselves obliged to cancel the order. Yours faithfully,

a) That the company could not fulfil his order.
b) Because he must have the goods by a certain date.

Letter 11.4

Dear Madam, As you have not got these articles in stock, we would be obliged if you would cancel our order of batches of 8 pairs of half-socks and replace it with batches of 10 pairs of half-stockings (colour the same as the half-socks). Please find enclosed a revised order form. We should be obliged if you would confirm as soon as possible that this change is acceptable. We hope to receive a favourable reply, Yours faithfully,

a) Because the supplier has not got the goods in stock.
b) A revised order.

Drills

1)
a) J'ai le regret de vous signaler qu'une erreur s'est glissée dans notre commande No: B-4325 du 8 janvier dernier. Au lieu de : Slips en jersey 100% coton. il convient de lire: Slips 100% coton peigné.
b) Notre client a le regret de vous signaler qu'une erreur s'est glissée dans sa commande No: A-34/23-1 du 12 octobre dernier. Au lieu de: casques stéréos: il convient de lire: mini-casques stéréos.
c) Nos clients ont le regret de vous signaler qu'une erreur s'est glissée dans leur commande No: X-435 du 15 mars dernier. Au lieu de: poupées Charlotte, il convient de lire: poupées Laurie.
d) Nous avons le regret de vous signaler qu'une erreur s'est glissée dans notre commande No: 4532-1 du 17 février dernier. Au lieu de: Lot de 10 cassettes vidéo 2 x 120 mn Réf 132.12, il convient de lire: Lot de 12 cassettes vidéo 2 x 240 mn Réf 132.10.

2)
a) Le 9 juillet mon adjoint a commandé 50 maxi-draps de bain 80 x 150 cm. roses qui devraient être livrés cette semaine.
b) Le 8 août j'ai commandé 10 fauteuils de bureau cuir qui devraient être livrés à la fin de la semaine.
c) Le 18 juin nos clients ont commandé 100 chemises "grand-père" 100% coton, col officier qui devraient être livrées aujourd'hui.
d) Le 10 novembre nous avons commandé 20 jeux d'échecs électroniques de poche qui devraient être livrés dans quelques jours.

3)
a) Puisque vous n'avez pas ces articles en stock, je vous saurais gré de bien vouloir annuler ma commande de 10 téléviseurs noir et blanc portables et de les remplacer par 10 téléviseurs couleur portables.
b) Puisque vous n'avez pas ces articles en stock, notre client vous saurait gré de bien vouloir annuler sa commande de 6 grille-tous pains verticaux et de les remplacer par 6 grille-tous pains horizontaux.
c) Puisque vous n'avez pas ces articles en stock, nos clients vous sauraient gré de bien vouloir annuler leur commande de 25 lampes de bureau à bras articulé, noires et de les remplacer par 15 noires et 10 rouges.
d) Puisque vous n'avez pas ces articles en stock, nous vous saurions gré de bien vouloir annuler notre commande d'après-skis tricolores et de les remplacer par des après-skis marine, à lacets.

Exercise 11.1

Madame, Puisque vous n'avez pas ces articles en stock, nous vous saurions gré de bien vouloir annuler notre commande No: 73891/43A. J'espère qu'en raison de nos relations de longue date, vous accepterez cette modification. Dans l'espoir d'une réponse favorable, nous vous prions d'agréer, Madame, l'expression de nos respectueuses salutations.

Exercise 11.2

Monsieur, C'est avec regret que nous avons appris par votre lettre du 9 octobre que vous étiez dans l'impossibilité d'exécuter notre commande No: 875-326 dans les détails stipulés. Puisque vous n'avez pas ces articles en stock, nous vous saurions gré de bien vouloir annuler notre commande des lots de 8 paires de mi-chaussettes et de les remplacer par des lots de 10 paires de mi-bas (Coloris identiques aux mi-chaussettes). Veuillez trouver ci-joint un bon de commande révisé. Dans l'espoir d'une réponse favorable, nous vous prions d'agréer, Monsieur, l'expression de nos salutations distinguées.

Exercise 11.3

Messieurs, Nous sommes dans l'obligation de vous signaler qu'une erreur s'est glissée dans notre commande No: ... du 5 octobre dernier. Au lieu de: 200 F/6736A transistors, il convient de lire : 200 F6836B transistors. Nous vous serions obligés de nous confirmer le plus rapidement possible votre accord à cette modification de commande. Veuillez agréer, Messieurs, l'expression de notre considération distinguée.

Unit 12

Letter 12.1

Dear Sir, We have pleasure in announcing the visit of our new representative, Brian Rothwell, to Amiens with a complete set of our new samples. He will call on you during the course of next week. I am sure that you will find Mr Rothwell both pleasant and obliging, and that you will appreciate his professional qualities. I hope that you will offer him a warm welcome in Amiens and place some orders which will receive our utmost attention, Yours faithfully,

a)   He is the Burnley Plastics new representative.
b)   A full set of samples.

Letter 12.2

Dear Sir, We learnt with great pleasure that you are interested in our type of merchandise. We are happy to inform you that our representative, André Dousser, will very shortly be in your area with a complete assortment of our latest products as well as our current range. We would be grateful if you would let us know as soon as possible whether a visit is possible so that we can arrange a meeting. Yours faithfully,

a)   He heard that the company was interested in their products and his representative was about to visit the area.
b)   To arrange a meeting.

Letter 12.3

Dear Sir, Our new representative in your area, Bill Davey, will call to see you during the course of the coming week. He will inform you himself of the date and time of his visit and we hope that you will offer him a warm welcome. If you wish to place an order, you can be sure that it will be treated with our usual care and attention. Hoping that this arrangement suits you, Yours faithfully,

a)   During the course of the coming week.
b)   Bill will contact him personally.

Letter 12.4

Dear Madam, We are very happy to introduce John Higgins, our new area representative. He will show you on our behalf a collection of our latest models. We would particularly like to draw your attention to the exceptional quality of the models in Nylon which sell at extremely competitive prices. We hope that you will favour us with an order which, it goes without saying, will be processed with the utmost care.

a) He is the new area representative.
b) The Nylon models.

Drills

1)
a) Mon nouveau commis-voyageur, Henri Biquet, vous rendra visite sous peu.
b) Notre nouvelle représentante, Marie Rousson, vous rendra visite bientôt.
c) Mes nouveaux collègues, Philip Roberts et Oscar Peters, vous rendront visite au début de la semaine prochaine.

2)
a) J'ai le plaisir de vous annoncer la visite de ma nouvelle représentante, Madelaine Godart, à Paris avec des exemplaires de notre nouvelle gamme. Elle vous rendra visite dans quelques jours.
b) Mr Jackson a le plaisir de vous annoncer la visite de son nouvel adjoint, Peter Philips, à Chartres avec nos brochures. Il vous rendra visite sous peu.
c) Nous avons le plaisir de vous annoncer la visite de notre nouveau collègue, Jacques Delambre, à Tours avec son adjoint. Il vous rendra visite au début de la semaine.

3)
a) Je suis heureux de vous informer que notre commis-voyageur, Charles Sarvan se rendra dans le courant de la semaine dans votre région avec un assortiment complet de nos blousons en molleton ainsi que de nos joggings bicolores.
b) Madame Landrieux est heureuse de vous informer que son adjointe, Isabelle Peyroux, se rendra bientôt dans votre région avec un assortiment complet de ses housses multi-usages ainsi que de ses classeurs sur socle en carton.
c) Nous sommes heureux de vous informer que notre partenaire, Michel Celimène, se rendra la semaine prochaine dans votre région avec un assortiment complet de nos casseroles multi-cuisson ainsi que de nos auto-cuiseurs pour micro-ondes.

Exercise 12.1

Madame, Nous avons appris avec grand plaisir que vous vous intéressez à notre type d'articles. Nous sommes heureux de vous informer que notre représentant, Mark Blackwell, se rendra sous peu dans votre région avec un assortiment complet de nos derniers produits, ainsi que de nos gammes courantes. Je suis sûr que vous trouverez en Mr Blackwell un interlocuteur agréable et obligeant, et que vous apprécierez ses qualités professionnelles. Veuillez agréer, Madame, l'expression de mes sentiments respectueux.

Exercise 12.2

Monsieur, Nous avons le plaisir de vous annoncer que notre nouveau commis-voyageur, François Reboul, se rend à Auxerre avec un assortiment complet de nos nouveaux échantillons et qu'il passera chez vous dans le courant de la semaine prochaine. Nous vous serions reconnaissants de nous faire savoir au plus vite si cette visite est possible afin que nous puissions organiser ses rendez-vous en conséquence. Espérant que cet arrangement vous conviendra, nous vous prions d'accepter, Monsieur, l'expression de notre considération distinguée.

Exercise 12.3

Monsieur, Nous avons le plaisir de vous annoncer que M. Gaillard se rendra chez vous dans le courant de la semaine prochaine. Il vous présentera en notre nom une collection de nos tous derniers modèles; nous attirons spécialement votre attention sur nos articles en plastique, d'une qualité exceptionnelle et vendus à des prix défiant toute concurrence. Dans l'espoir que vous apprécierez la qualité de nos produits et que nous aurons l'occasion de traiter à nouveau avec vous, nous vous prions de recevoir, Monsieur, l'assurance de nos sentiments distingués.

Unit 13

Letter 13.1:

Dear Sirs, We thank you for your letter of 12th July which was attached to the proposal form. We are writing to inform you that our staff are now preparing your insurance policy which you will receive between now and the end of the month. In the meantime, you are, of course, covered. Please find the cover note enclosed. Yours faithfully, ... Chief Underwriter.

a)   Because the policy is not ready yet.
b)   "En vigueur".

Letter 13.2:

Dear Sirs, We regret to inform you that part of the goods sent by our Agent in St. Malo on the steamship "Lincoln" arrived in a very bad state. Please find enclosed a report from the Customs Officials. You will notice that they estimate the damage to be £500. The cargo was fully insured against all risks by our London office. We request you to accept the damage as evaluated by your own expert and settle the claim at an early date.

a)   To accept the damage assessed by his own expert and settle the claim.
b)   The Customs's report.

Letter 13.3:

Dear Sirs, When the container ship "Manama" arrived in Le Havre on 5.10.19 --, the shipping agents noticed that several of the boxes in your consignment had been damaged. On being notified about the goods we immediately ordered our assessor to examine the cargo. The articles are complete but certain of them have been spoilt, for example:- 2 antique walnut tables. - 12 sets of Chippendale chairs. Please find attached the assessor's report in triplicate as well as a letter from the shipping agent confirming that the damage was noticed immediately the ship arrived in port. We would appreciate it if you would take up the problem with the insurers. The insurance certificate number is P/96106. In the interim, we would be grateful if you would replace the damaged goods mentioned above as we have customers awaiting delivery. Yours faithfully,

a)   The assessor's report and a letter from the shipping agent.
b)   To replace the damaged goods.

Exercise 13

Messieurs, Ce matin comme prévu, le vol DA 765 a aterri à l'heure à l'aéroport de Gatwick, mais lorsque notre agent a inspecté la cargaison, il a remarqué qu'une des boîtes du conteneur 12 avait été endommagée. Nous avons contacté notre agent d'assurance à Brighton et il a accepté d'être là à l'ouverture de la boîte. Lors de l'inspection, il a constaté que plusieurs articles étaient abimés. Nous vous envoyons son rapport, et comme vous êtes l'assuré, nous vous serions obligés si vous pouviez faire les démarches nécessaires auprès des souscripteurs de l'assurance afin de réclamer un dédommagement (une indemnisation). Il va sans dire, que du fait de cette mésaventure, nous nous trouvons dans une situation extrêmement embarrassante vis-à-vis de nos clients. Nous vous serions donc très reconnaissants de bien vouloir nous envoyer des articles de rechange par fret aérien, aussi vite que possible. Nous vous prions d'agréer, Messieurs, l'expression de nos sentiments respectueux.

Unit 14

Letter 14.1

Dear Sir, We have been selling a considerable quantity of English preserves to different parts of France with the exception of the North West and are interested in appointing an agent to explore the market and develop the trade further. The products in question are a wide selection of jams and honey. Your name was suggested as agent by Pommet Frères of Dijon and, on their recommendation, we would like to offer you the sole agency for France. Goods will be consigned to you according to your instructions since you are better acquainted than we are with the tastes and particular requirements of consumers in the North West. We are enclosing our price list which will give you some idea of the varieties we produce. Since we appreciate the difficulties of introducing a new product to local buyers, we are willing to pay a commission of 15% on net sales. We are sure that this relationship will be mutually profitable and hope that you will accept our offer. Please let us have an early reply, so that we can prepare our introductory offers in good time. Yours faithfully,

a) Probably by sending their own commercial traveller.
b) By offering a commission of 15% on net sales.

Letter 14.2

Dear Sirs, Thank you for your letter of 7th February offering us an agency for your potted meats. We would be glad to accept the offer. We must point out, however, that only a sole agency would be worthwhile as the scope for your potted meats here is somewhat limited because of local competition; besides, the preference for fresh foods here would also make it difficult to extend the market for English potted meats rapidly. In these circumstances, we feel that competition from another agent would make our efforts not worthwhile. If you give us your sole agency for France, we feel sure that our wide marketing experience and valuable contacts will enable us to introduce your goods successfully in this country. Yours faithfully,

a) To avoid competition from another agent.
b) Customers prefer fresh foods.

Exercise 14

Messieurs, Nous avons récemment découvert, mise en oeuvre en France, une sélection de produits agricoles dont la qualité nous a particulièrement impressionnés. Nous serions intéressés de savoir si vous souhaiteriez être représentés en Angleterre. Nous sommes devenus, depuis plusieurs années, l'une des entreprises principales dans le domaine des importations et distributions, nous devons vous informer que nous avons acquis une organisation de vente très étendue et que nous possédons une vaste connaissance du marché anglais. Nous devons attirer votre attention sur le fait que nous pensons que vos produits se vendraient très bien ici et que nous sommes prêts à entretenir des relations commerciales avec vous. Dans l'attente d'une éventuelle coopération dans l'avenir, nous vous prions d'agréer, Messieurs, nos sentiments distingués.

Unit 15

Letter 15.1

Dear Sirs, Thank you for your enquiry regarding our range of fire fighting equipment. We supply such equipment throughout the world for use by companies such as yourselves, and will be glad to provide a large order against a letter of credit issued through a reputable international bank. We look forward to receiving a letter of credit in due course when your order will be processed in the usual way. Yours faithfully, Phillipe Lemaire, Managing Director.

a) By a letter of credit.
b) When they receive the letter of credit.

Letter 15.2

Dear Sirs, Re: Your Order N: JK/9630. We acknowledge with thanks the receipt of the above order. We are in the process of preparing the magnetic white display boards for shipment. Our agent has informed us that you will arrange payment by Letter of Credit in our favour, valid until 30th June, 19–. This is acceptable to us. As soon as the credit has been confirmed by our bank, the goods will be shipped as instructed. Yours faithfully, John Wheeler, Sales Manager.

a) He was informed by his agent.
b) As soon as the credit has been confirmed by his bank.

Letter 15.3

Dear Sirs, With reference to your letter of 19th March, we write to inform you that we have instructed the Bank National de Paris in Lyon to open a credit for 5000 FF in your favour, valid until 30th June, 19--. This credit will be confirmed by Barclay's Bank in Guernsey and will be issued when your draft is received at this bank. Please make sure that all necessary documents are attached: A Bill of lading in duplicate, 1 Customs clearance invoice, Insurance cover for 7500 FF, 4 separate Commercial Invoices. Yours faithfully, Peter Horton, Chief Accountant.

a) To Barclay's Bank in Guernsey.
b) A draft.

Exercise 15

Messieurs, Nous accusons réception de votre commande que vous nous avez adressée le 15 janvier. Notre représentant, Mr Blunt, nous informe que les marchandises sont prêtes pour expédition. Nous avons bien noté que vous effectuerez le paiement en notre faveur par lettre de crédit irrévocable à échéance du 1er mars. Dès que nous recevrons l'accord concernant l'ouverture de crédit, les marchandises seront emballées et expédiées selon vos instructions. Nous vous prions d'agréer, Messieurs, nos salutations distinguées.

Unit 16

Letter 16.1

Dear Sirs, I wish to apply for the post of bilingual secretary at AGCOM Ltd., as advertised in the "The Times" on Monday, 5th October, 19... The attached CV notes detail my career and qualifications up to this moment, which in outline are as follows: my full time education ended by gaining a B.A. in 1982, although since then I have successfully completed courses in French and German. For the past 6 years I have been a private secretary in the Overseas Sales department at Selby Ltd., with particular responsibility for all overseas correspondence. During this time I have successfully introduced a completely new filing system and modernised the whole office routine. Having worked at this level for some time, I now wish to seek further responsibility in this field and would like to take up the challenge of a new position. I would be grateful, therefore, if you would give me the opportunity to meet you and your colleagues to discuss my suitability. Yours faithfully, Kathleen O'Houlihan.

a)   Because she wants to apply for the post of bilingual secretary with AGCOM Ltd.
b)   She has introduced a new filing system and has completely modernised the office routine.

Letter 16.2

Dear M. Trulle, Having worked for the past four years as the only secretary in a thriving small business, I would like to apply for the post of executive secretary as advertised in the "Guardian" on Tuesday, 12th January, 19--. As private secretary to the owner of James Young plc in Southampton, I was not only responsible for the day to day running of the office, but for all overseas correspondence, mostly in French as we export to many Franco-African countries. I was also responsible for the more personal work of making private appointments, vetting telephone calls and visitors and organizing Mr Young's paperwork and correspondence. With the above experience behind me, I am thoroughly familiar with the duties of executive secretary and believe that I will certainly come up to all your expectations. I enclose my C.V. and would be grateful if you would give me the opportunity to discuss my qualifications with you in person. I would be happy to attend an interview at your convenience, and can be reached on my answerphone at 01-6719860. Yours sincerely, Jeremy Hinchcliffe.

a)   He was the private secretary at James Young plc.
b)   He wants Mr Trulle to give him an interview.

Letter 16.3

Dear Sirs, The Post of Tourist Information Assistant. With reference to your advertisement in today's "Le Monde", I would like to apply for the above post. Details of my qualifications and experience are as follows: I am a graduate from the University of Kent with a B.A. degree in Modern Languages (French and Spanish). I also have the Diplôme Supérieur in Business French from the Alliance Française in London. After graduating in 1987, I worked for an advertising agency as a proof-reader for their monthly magazine dealing with the French wholesale trade. During this time, I attended evening classes in supervisory management and data processing. I am sure that, given the opportunity, I will be able to fulfill the requirements of the post of Tourist Information Assistant. My spoken French is fluent and I am thoroughly familiar with many areas of France having studied in Grenoble for a year from where I made many excursions. I hope that you will consider my application sympathetically. Yours faithfully,

a)   She worked as a proof-reader for an advertising company.
b)   She studied at the University of Kent and the Alliance Française. She also studied for a year in Grenoble.

Exercise 16

Messieurs, En réponse à votre annonce parue dans le "Guardian", je vous serais reconnaissante de bien vouloir examiner ma demande pour ce poste. Depuis 6 ans, j'ai été employée en tant qu'audio-dactylo. Ma vitesse en sténographie est de 110 mots/minute et en dactylographie de 60 mots/minute. Récemment, j'ai remis à jour mes qualifications en suivant un cours d'informatique. J'ai une très bonne connaissance des programmes Wordstar 5.5 et D. Base3. J'ai 26 ans et un permis de conduire sans réserve. Je vous prie de bien vouloir trouver ci-joint mon curriculum vitae et des copies de trois références. En espérant la faveur d'un entretien, je vous prie d'agréer, Messieurs, mes sentiments distingués.

Unit 17

Letter 17.1

Dear Miss Bouilliez, Thank you for your letter applying for the position of secretary. I shall be grateful if you could come to our office for an interview on Wednesday next, 13th March, at 2.30. If that day or time is not convenient for you, I would appreciate it if you could let my secretary know, and I will try to arrange the interview for a date and time that is suitable for both of us. Yours sincerely, Pierre Daurces, Personnel Manager.

a)   He wants her to attend an interview on the following Wednesday, the 13th March.
b)   He wants her to contact his secretary for a new date and time.

Letter 17.2

Dear Mr Jackson, With reference to your letter of Monday 12th January, I am pleased to confirm the offer of a position as systems analyst in this company. Enclosed are three copies of our contract of employment. Please sign two copies and return them to this office. You will also find information relating to our superannuation fund, staff canteen, sports and social club plus other facilities and fringe benefits. If you have any questions about the conditions of employment, please do not hesitate to contact me about them. I very much look forward to seeing you on May 1st, and I hope that this will be the beginning of a long and happy association. Yours sincerely, Rosalyne Gavin, Directrice.

a)   She wants him to sign two copies of the contract of employment and return them to her office.
b)   He starts work on May 1st.

Letter 17.3

Dear M. Ficheux, Thank you for your recent visit regarding employment. After considerable deliberation in the light of our conversation last week, I have come to the conclusion that we cannot at present offer you employment at our offices. As I mentioned when we met, I will keep your application on file for future reference as we regularly look for extra or replacement staff. I am glad you came and explained your capabilities so well, and hope that you do not find this decision too disappointing. Yours sincerely, Donald Hobson, Recruitment.

a)   It took him a week.
b)   By saying that he will keep his application on file.

Exercise 17

Mademoiselle, Nous vous remercions de votre lettre solicitant l'emploi de secrétaire-bilingue. J'ai le plaisir de vous convoquer pour un entretien le vendredi 26 janvier à 14H30. Je vous prie de bien vouloir m'informer si le jour ou l'heure ne vous convenait pas car j'essaierai alors de fixer un autre rendez-vous à votre convenance. Dans l'attente de vous rencontrer personnellement vendredi, je vous prie d'agréer, Mademoiselle, mes salutations distinguées.

Unit 18

Letter 18.1

Dear Mr Aubert, I am about to apply for the position of Sales Representative at J. Lyons and Co. in Paris. I would very much appreciate it if I could include your name in my list of references. As you are familiar with my work with Lafond Emballage in Dieppe, you will be able to give J. Lyons a fair evaluation of my capabilities. I enclose a stamped, addressed envelope for your reply. Yours sincerely,

a)   He is applying for the post of Sales Representative.
b)   Because he is familiar with his work at Lafond Emballage in Dieppe.

Letter 18.2

Dear M. Jullien, I am applying for the position of bilingual secretary with Trans World Travel in Brussels. As you gave me every encouragement to continue with my study of French and helped me prepare for the final examinations at the Alliance Française, I would very much appreciate it if you would kindly write a letter of recommendation on my behalf. I enclose a stamped, addressed envelope to M. Isnard, the personnel manager at Trans World. Yours sincerely, Emily Goodman.

a) Because he encouraged her to continue her study of French and helped her prepare for her final examinations.
b) She wants him to send it to the manager of Trans World.

Letter 18.3

Dear Mme Pigault, I am very happy to provide you with the information you requested regarding Mary Stevens. This information is, however, to be kept confidential. Miss Stevens first worked with us as a general secretary and became secretary to the Overseas Sales Manager in 1987. She proved herself to be competent, hard-working and trustworthy. I feel sure that she will prove herself to be an ideal employee if you decide to offer her the position she seeks. Yours sincerely, Michel Sourgens, Managing Director.

a) He wants the information to be kept confidential.
b) She became secretary to the Overseas Sales Manager.

Exercise 18

Messieurs, Miss Jackson est entrée à notre service, il y a 5 ans, en tant que secrétaire-stagiaire. Elle a continuellement essayé d'améliorer ses capacités professionnelles en prenant des cours du soir de pratique de secrétariat, de Français et de communications électroniques. Il y a un an, elle est devenue la secrétaire particulière du Directeur des Ventes. Une partie de son travail maintenant est de traiter toute la correspondance avec l'étranger. Nous sommes persuadés qu'elle serait la personne convenant le mieux pour ce poste d'assistante au Directeur de l'exportation de votre entreprise. Veuillez accepter, Messieurs, l'expression de nos sentiments distingués.

Unit 19

Letter 19.1

Dear Sir, Please find enclosed the latest literature and samples of our new range. I have also included a display kit for your window or counter which you may want to test out at your premises in Reims. You will find additional information on prices, discounts, incentives and marketing materials for your sales staff. I hope all goes well and look forward to extra orders in the near future. Yours faithfully,

a) Sales literature, samples and a display kit.
b) He gives full details on prices, discounts, incentives and marketing materials for the sales staff.

Letter 19.2

Dear Sir, Further to your telephone call last week, I am sending you our illustrated brochure of the range of micro-wave ovens featuring 10 cooking speeds, touch sensitive controls and an automatically cleaned base with a special browning adapter. For 19-- we have introduced additional colours for the popular "Speedy" range, these now being available in the following colours: white, clear blue, metalic grey, red. The ovens illustrated are just part of what many of our customers consider to be the largest range of micro-wave ovens available in one catalogue - all from high grade manufacturers whose quality controls are renowned throughout the country. Assuring you of my best services and personal attention at all times. Yours faithfully, G. Lemercier, Vice President.

a) They have 10 cooking speeds, touch sensitive control, an automatically cleaned base and a special browning adapter.
b) By saying that they come from well known manufacturers with reliable quality control.

Letter 19.3

Dear Sirs, We have pleasure in informing you that we have purchased the business of Chunnel Travel in Dover. There will be no change in the name or policies of the company which has proved to be extremely successful in the past. Indeed, we shall make every effort to maintain the tradition of quality service for which the previous owner was well known. As owners of Dover Travel, we are very familiar with the travel business and also have adequate resources to conduct the business of our newly acquired company efficiently. We hope that you will offer us an opportunity to prove that Chunnel Travel is able to provide the same up-to-date service as before. Yours faithfully,

a) He was well for his tradition of quality service.
b) He is the owner of Dover Travel.

Exercise 19

Messieurs, Nous avons le grand plaisir de vous informer que nous venons d'ouvrir une agence pour la vente des pompes de nettoyage haute pression et nos accords avec les principaux fabricants nous permettent de vous fournir nos marchandises à des prix très intéressants. Notre bureau de Paris est, en outre, organisé pour localiser et fournir rapidement des produits qui ne sont pas disponibles sur le marché français. N'hésitez pas à nous passer une commande à titre d'essai en nous adressant le bulletin figurant dans la brochure. Nous accordons une réduction de 15% sur toutes les commandes qui nous parviendront avant la fin de l'année. Veuillez agréer, Messieurs, nos salutations les plus distinguées.

Unit 20

Letter 20.1

Dear Sirs, Please reserve a single room for our Sales Manager for March 7th, 8th & 9th. He will be arriving at about 5 p.m. on the 7th and will leave mid-morning on the 9th. He would appreciate it if you could book him a room at the back of the hotel. Yours faithfully, Phyllis Philips.

a) Two days.
b) At the back.

Letter 20.2

Dear Sirs, As our overseas Sales Manager will be visiting Paris in July for the Soft Furnishings Trade Fair, he will require a small suite and access to a conference room. A single room will also be needed for his secretary on the same floor. I would appreciate it if you could let me know by return if you can reserve this accommodation from 12th to 16th July inclusive. Could you also let us have details of your charges. Yours faithfully, Mary Stewart, pp Mr Jackson, Sales Manager.

a) He requires a small suite and access to a conference room, plus a single room for his secretary.
b) She wants confirmation of the dates and details of charges.

Letter 20.3

Dear Mr Brooks, I am writing to confirm your reservation for a single room with bath for July 12th - 15th. The room will be available after 12.30 p.m. on the 12th. As you are arriving by air, you may like to take advantage of our Airport Shuttle Service. Our minibus leaves Terminal 3 every hour on the half hour, and the service is free for guests of the hotel. Yours sincerely, Jill Evans, Manager.

a) A single room with a bath.
b) By the airport Shuttle Service.

Exercise 20

Monsieur, J'ai l'honneur de vous informer que cinq membres de notre personnel ainsi que moi-même se rendront à Grenoble pour affaires du 1er mars au 6 avril. Nous aimerions réserver, pour 6 nuits, deux chambres pour 1 personne et deux chambres pour 2 personnes, avec douches. Nous souhaiterions prendre le petit-déjeuner dans nos chambres, par contre, le repas du soir sera pris dans la salle à manger principale. Je vous erais reconnaissant de bien vouloir me réserver la même chambre sur l'arrière de l'hôtel que celle que j'ai eu l'année dernière étant donné que les chambres donnant sur la rue sont assez bruyantes. Notre groupe arrivera à Grenoble aux alentours de 11 H., mais étant en réunion jusqu'en début de soirée, nous ne procèderons probablement à l'enregistrement qu'aux environs de 19 H. donc juste avant le dîner. Dans l'attente de votre prompte confirmation afin de prendre toutes nos dispositions pour notre visite, nous vous prions d'accepter, Monsieur, l'expression de nos sentiments les meilleurs.

APPENDIX
LAYOUT – THE PARTS OF A FRENCH BUSINESS LETTER

IMOBEX[1] SARL[2] agence immobilière
Gérant : Maxime Godbert

Siège Social[3] : 1 Le Chardon Bleu, Thollon-les-Memises, B.P. 5[4]
74500[5] EVIAN CEDEX[6]
Tél: 60 34 39 70 Télex : 260 089 F Chèques Postaux: 40253-23 Evian

Succursale:[10]
Agence "Le Printemps"
45 bd Alphonse Duchesne,
91943 Thonon

N/Réf:[12] NG/jm
V/Réf:

Jean-Pierre Ferran[7]
Echafaudage International SA[8]
Z.I.[9] La Valampe
923976 MONTROUGE

Thonon, le 29/08/89[11]

Objet: Clefs/location d'appartement[13]

Monsieur,[14]

[15]

Vous trouverez ci-inclus les deux clefs de votre appartement que vous nous avez demandées ainsi qu'un contrat de location de votre appartement car nous avons cru comprendre dans votre lettre que vous désiriez que nous nous occupions de la location.

Si tel est le cas, je vous demande de nous retourner le mandat signé et de nous indiquer vos périodes d'occupation personnelle. A chaque réservation, nous vous adresserons obligatoirement un avis.

Veuillez recevoir, Monsieur, nos sincères salutations.[16]

Le Directeur du Service Clientèle,[17]
N. Gerniçon[18]

P.J.[19]
Copie à:[20]

S.A.R.L. au capital de 20.000 francs - R.C. Thonon C 346 426 123[21]
Garantie financière : FNAIM - No adhérent 13629
Carte Professionnelle Gestion Immobilière No G 45924
Carte professionnelle Transactions No 325/65

Although there is a an officially approved layout, in practice this varies a good deal. The letter opposite, from an estate agent, is very typical.

1 Name of company.
2 **SARL** – **Société à responsabilité limitée**. A small firm with a maximum of fifty shareholders.
3 **Siège Social** – head office.
4 **Boîte Postale** – PO Box number.
5 Five figure post code. The first two figures indicate the **département** and the last three the distributing office.
6 **CEDEX** – **courrier d'entreprise à distribution exceptionnelle**. Firms which receive a large amount of mail can be given a CEDEX number. The mail is then delivered directly to them by van.
7 The inside name and address. This is the receiver's name and address and appears on the right hand side of the page. Note that French window letters are designed for this layout. Commas are not needed at the end of each line.
8 **SA** – **société anonyme**. A company which has a minimum of seven shareholders.
9 **ZI** – **zone industrielle**.
10 **Succursale** – branch.
11 Date and place. This usually appears below the inside address and can be either written in full or abbreviated, e.g. **Lyon, le 30/5/19--** or **Lyon, le 30 mai 19--**. Sometimes the date is placed above the inside address.
12 **Notre référence/Votre référence**. References are usually printed on the letterhead as **Vos réf:** or **Nos réf: (V/réf: N/réf:)**
13 Subject line. This is a brief indication of the subject of the letter and often reduced to **V/ ... (Votre)**, e.g. **V/livraison du...**, **V/commande No 23/45**, etc.
14 Salutation: Salutations are more formal than in an English letter. The various forms are:
 – to an individual: **Monsieur, Madame** or **Mademoiselle**. These are never abbreviated.
 – to a company: **Messieurs**. If the letter is addressed to an individual with a defined position in the company then the title must be used, e.g. **Monsieur le Directeur**.
 – to a friend: **Mon cher ami**, or **Mon cher Wallengren**.
 – to a client with whom relations are very cordial: **Cher client** or **Monsieur et Cher client**.
 – to a colleague: **Monsieur et Cher collègue**.
15 Body of the letter -- Punctuation is only used after the salutation, within the body of the letter and after the title (if any) above the signature. Both indented and blocked styles of layout are acceptable.
16 The complimentary close. See following page.
17 Status – This indicates the writer's position in the company, e.g. **Directeur, Le Chef du Service Export, Le Directeur-Gérant,** etc.
18 Name and signature.
19 **Pièces jointes** – enclosures. Other possible additions are: **Confidentiel** which is usually typed on the left-hand side below the references. **A l'attention de** may appear on the left, above the salutation, or below the inside address on the right. It is used to draw the letter to the attention of a particular person.
20 Copy to.
21 Compulsory data on the company.

The Complimentary Close

The main equivalents of *Yours faithfully* or *Yours truly* are:

Veuillez agréer, Monsieur/Madame, l'expression de mes sentiments les meilleurs.

Veuillez agréer, Monsieur/Madame, l'assurance de mes sentiments distingués.

Veuillez croire, Monsieur/Madame à l'expression de mes sentiments distingués.

Note that **l'assurance de** is more formal than **l'expression de**. Different levels of politeness can be also achieved by replacing **distingués** by **très distingués** or **les plus distingués**. So a suitable ending to a letter to a new client would be:

Veuillez agréer, Monsieur, l'assurance de nos sentiments les plus distingués.

Many variations are possible. In modern French business correspondence, many companies seem to be adopting shorter closes, e.g.

To a client: **Veuillez agréer, Monsieur, mes salutations les plus distinguées.**
To a supplier: **Veuillez agréer, Monsieur, mes salutuations distinguées.**
To a woman: **Je vous prie d'agréer, Madame, mes sentiments respectueux** or **Veuillez agréer, Madame, l'expression de mes sentiments dévoués.**
To a bad client: **Agréez, Monsieur, mes salutations.**

Very often the concluding phrase of a letter is joined to the complimentary close, e.g.

En espérant vous compter parmi notre clientèle, je vous prie d'agréer, Monsieur, mes salutations distinguées.
Dans l'attente du plaisir de vous revoir/rencontrer à cette occasion . . .

Other link phrases might be

En espérant vous avoir donné satisfaction/réponse à votre demande, . . .
Avec nos remerciements, veuillez agréer, Monsieur, nos salutations très distinguées.
Dans l'attente d'une réponse favorable, . . .
En vous priant de nous excuser pour . . .
En vous remerciant de votre intérêt, veuillez croire, . . .
Veuillez arranger une livraison par train et accepter, . . .
Espérant que cet arrangement vous conviendra, . . .
Nous vous remercions pour votre commande et vous assurons, . . .
Dans l'espoir de vous rencontrer prochainement, je vous prie . . .
Dans l'attente des articles qui restent à nous être livrés, . . .
Dans l'attente de votre prompte réponse, . . .
Dans l'attente de votre expédition . . .
Dans l'attente d'une réponse favorable de votre part, je vous prie..
Restant à votre disposition pour tout renseignement complémentaire, je vous prie de bien vouloir agréer . . .

Glossary of French-English equivalents

abîmer	to spoil, damage
un accord préliminaire	an intial agreement
un accueil	a welcome
s'acquitter	to discharge an obligation
actuellement	currently
un adjoint	an assistant
adresser	to send
affichage	display
afficher	to display
(produits) alimentaires	food products
une allure (de cuisson)	a cooking speed
un antivol de direction	a steering-wheel lock
appareils ménagers	domestic appliances
une armoire suspendue	a wall cupboard
auprès de quelqu'un, se renseigner	to ask someone
une autorisation de planification	planning permission
un avant-projet	a draft plan, proposal
un avis d'expédition	an delivery note
aviser	to inform, advise
un avoir	a credit note

B

une bague	the neck of a container/jar
un bahut	a dresser (sideboard)
un ballot	a bale
un bandeau lumineux	a lighting strip
une barquette	a tray
une bavette de pare-boue	a mud flap
un berlingot	pack, carton
un bidon	a can
une bobine d'allumage	an ignition coil
un bocal à large ouverture	a wide necked jar
un bon de commande	an order form
un bon de crédit	a credit note
un bordereau (d'expédition)	a shipping invoice (schedule)

C

une ceinture de securité	a seat belt
une châle	a shawl
un chargement	a load, consignment

une charnière	a hinge
une chaussée	a causeway. roadway
une chemise de cylindre	a cylinder liner
ci-joint	enclosed
un (système de) classement	a filing system
un classeur-chemise	a file cover
classique	usual, normal
un commis-voyageur	a commercial traveller
complémentaire	additional, extra
complexe polythène	polyethylene laminate
la concurrence	competition
confier	to entrust, commit; to place an order
conformément à	in accordance with
un connaissement	a bill of lading
(avoir) conscience de	to be aware of, appreciate
(être) conscient	to be aware
consommateur, -trice	consumer
constater	to notice
un contrat d'ébauche	an outline contract
un contremaître	a foreman
un correcteur d'épreuves	a proof-reader
une cotation	a quotation
couramment	fluently
courant (le 15 courant)	the 15th instant
le cours	the Stock Exchange price
un contretemps	a hitch, snag, difficulty
une couette	a continental quilt
un coupe-vent	a windcheater
un crédit plafonné à	a credit limit of
le créneau	scope
un cric hydraulique	a hydraulic jack

D

davantage	as well, in addition
le déballage	the unpacking
la déception	disappointment
le dédouanement	customs clearance
le défi	the challenge
définitivement	permanently
le dégât	damage (usually plural)
un dépliant	a folder, a "pull-out"
le dérangement	the inconvenience
dernier catalogue	latest catalogue
dès que	as soon as
disponible	available
disque à tronçonner avec arrosage	water-cooled circular saw
la douane	the customs
un doublon	a duplication, a repetition

E

un (contrat d') ébauche	
un échantillon	a sample
une échéance	time limit, maturity time
un effet (de commerce)	a bill
égratigner	to scratch
émettre	to issue
enduit	coated
un ensemble	a set, a suite
un entrepôt	a warehouse
un entretien	a conversation, discussion, interview
un envoi	a shipment, consignment
épaisseur	thickness
un escabeau	a stepladder
un escalier de meunier	an open wooden staircase, loft stairs
un essai	a trial
une étagère	a shelving unit
une étiquette	a label
(à l') étranger	overseas
un étui carton	a cardboard folder
éviter	to avoid
(en cours d') exécution	in hand
en double exemplaire	in duplicate
une exigence	a demand
expédier	to ship, to send
une expédition	a consignment

F

la facturation	invoicing
une facture	a bill, an invoice
une facture pro forma	a pro forma invoice
ferme	definite, firm
une feuille	a sheet (of paper), a slip
feuilles d'aluminium	aluminium sheeting
une fiche d'abonnement	a subscription form
une fiche de renseignements	an enrolment form
filtrer	to vet
le fonds de retraite	superannuation fund
une fourgonnette	delivery van
les frais de garage	garaging fees
frigorifique	refrigerated

G

une gamme	a range (of goods)
la gestion de contrôle	supervisory management
glisser	to slip, to slide
une glissière	a groove, slide

gratuit   free
une grève   a strike

H

un set d' haltères   a set of dumbbells
un horaire de livraison   a delivery timetable
une hotte aspirante   an oven hood
une housse   a protective bag, cover

I

un interlocuteur   a contact, one with whom one can talk business
un interrupteur   a switch
inutilisable   unusable

J

un jeu   a set
(mis à) jour   updated
les jumelles   binoculars

L

lainages   woollens
un lampadaire   a standard lamp
le lancement   the launch
(une offre de) lancement   an introductory offer
un lecteur (de disquettes)   a (computer) disk drive
une licence de lettres   a B.A.
une liste à jour   an up-to-date list.
la literie   bedding
une livraison   a delivery
le logiciel   software
un lustre   a hanging lamp, chandelier
lutter   to fight, struggle

M

une manette   a (computer game) joystick
la marche   the process, (routine)
mensuel   monthly
une méthode de classement   a filing system
le molleton   brushed wool or cotton, flannel

N

navré   extremely sorry
noyer   walnut

O

un ordinateur   a computer

P

un peignoir	a house-coat
une perceuse visseuse-dévisseuse	an electric drill/screwdriver
un permis de construire	a building permit
pièces jointes	enclosures
(en) pin massif	in solid pine
une pince	a pinch, pleat
un pistolet à souder	a soldering gun
plafonner	to put a limit on
une police	a policy
une ponceuse	a sanding machine
port payé	carriage paid
un porte-conteneur	a container-ship
préalable	preliminary, introductory
préciser	to specify
les précisions	the details, the full particulars
un premier plan	an outline plan
une première ébauche de plans	draft plans
un présentoir	a display kit
(faire) preuve (de)	to show
prévenir	to warn, to alert
prévoir	to arrange for
une prise	a plug
le prix de détail	retail price
prochainement	shortly, at an early date, soon
produits alimentaires	food products
profiter	take advantage of
un programme de formation	a training programme
une proposition	a proposal form
un prospectus	a leaflet
provenir	to originate from

Q

une quittance	a receipt
quotidien	daily

R

un rabais	a discount, rebate.
un range-chaussures	a shoe rack
un rappel	a reminder
un réchaud à gaz	a gas ring, portable gas cooker
reconnaissant	grateful
un régime de retraite	a pension plan
un relevé de compte	a (bank) statement
relever	to pick up, to accept (a challenge)
le reliquat	the balance, the rest, the remainer
une remise spéciale	a special reduction
renseignements	information

se renseigner	to make enquiries, to seek information
un réseau	a network
la restauration collective	large scale catering

S

sain	sound, healthy
une salopette	workmen's overalls
une sangle	a strap, belt
siège social	head office
signaler	to point out, to call attention to
un socle	a stand, base
soieries	silks
le solde	settlement
un sommier métallique à tendeurs	a metal spring bed frame
en souffrance	outstanding
souhaiter	to wish
une soupape	a valve
subir	to undergo, to suffer
une succursale	a branch
suivi	continued
sur-le-champ	immediately, straight away, on the spot
surgelé	frozen (food)
survenir	to occur, to happen unexpectedly

T

une table de cuission	a hot-plate
une tablette	a shelf (e.g. under a bathroom mirror)
tenir à	to be anxious to
tenir compte de	to take into account, to pay heed to
la toile de jute	sacking
une traite	a bank draft
le traitement des données	data processing
un transitaire	a forwarding agent, a shipper
trimestriel	quarterly

U

à usage unique	disposable
un ustensile de cuisine	a kitchen utensil

V

la vaisselle	crockery
une vanne	a regulator
veiller à	to see to
le velours côtelé	corduroy
un versement	a payment, an instalment
en vigueur	currently in force